Laud Teye Nartey

Wsparcie organizacyjne, zadowolenie z pracy i poświęcenie nauczycieli

Laud Teye Nartey

Wsparcie organizacyjne, zadowolenie z pracy i poświęcenie nauczycieli

Wydawnictwo Bezkresy Wiedzy

Imprint

Cover image: www.ingimage.com

Publisher:
Wydawnictwo Bezkresy Wiedzy
is a trademark of
International Book Market Service Ltd., member of OmniScriptum Publishing Group
17 Meldrum Street, Beau Bassin 71504, Mauritius

Printed at: see last page
ISBN: 978-620-0-81550-7

Spis treści

ROZDZIAŁ ONE. WPROWADZENIE

1.1 OPIS PODJĘTYCH BADAŃ

Studium koncentruje się na wsparciu organizacyjnym, satysfakcji z pracy nauczyciela i jego zaangażowania. Dowody teoretyczne wskazują na związek pomiędzy tymi konstrukcjami. Badanie ma na celu konceptualizację tych zmiennych, zbadanie ich powiązań i skonstruowanie profilu zaangażowania nauczycieli z wykorzystaniem wsparcia organizacyjnego i konstrukcji satysfakcji z pracy nauczyciela. Ten profil lub model ma na celu pogodzenie dynamiki teoretycznej z rzeczywistością empiryczną i stanowi podstawę do zarządzania zaangażowaniem nauczycieli z naciskiem na ghańskie kolegia edukacyjne.

1.2 KONTEKST BADAŃ

W nowoczesnym, konkurencyjnym środowisku biznesowym jednym z krytycznych środków sukcesu organizacyjnego jest utrzymanie zasobów ludzkich - pracowników. Powodem tego jest fakt, że wszyscy pracownicy są uważani za jeden z najważniejszych atutów większości organizacji, czy to usługowych, czy produkcyjnych. Jednym z najważniejszych sektorów gospodarki opartych na usługach jest sektor edukacyjny. W rzeczywistości edukacja jest powszechnie uważana za jeden z podstawowych wskaźników rozwoju. Jednym z podstawowych celów instytucji edukacyjnych jest tworzenie wyszkolonych zasobów ludzkich, które mogą pokonać bariery rozwojowe danego kraju.

Torealizując swoje cele i zadania, każda placówka edukacyjna powinna dysponować innymi zasobami. Niewątpliwie, jak już wspomniano, oddana i okupowana siła robocza jest najważniejszym zasobem wszystkich organizacji. Dlatego też argumentuje się i mocno wierzy, że przy odpowiednich motywacjach, satysfakcji i wysokim zaangażowaniu, siła robocza będzie wykorzystywać swoje specyficzne talenty i siłę w instytucji edukacyjnej. W tym przypadku każdy sukces i rozwój tych instytucji opiera się tak bardzo na ich pracownikach, że przy braku efektywnej siły roboczej w jakiejkolwiek organizacji, nie są oni w stanie osiągnąć również swoich celów (Adeniji, 2011).

W celu zapewnienia, że nauczyciele są zaangażowani w swoje instytucje edukacyjne i w znacznym stopniu przyczyniają się do ich sukcesu, ważne staje się rozważenie i ujawnienie znaczenia różnych i złożonych wymiarów ludzi, w tym ich cech wrodzonych, społeczno-kulturowych, a także ekonomicznych (Asare i Nti, 2014). Powszechnie uważa się, że niektóre z cech społeczno-ekonomicznych i kulturowych, które stoją w sprzeczności z zaangażowaniem pracowników, dla których nauczyciele edukacji są inkluzywni, obejmują satysfakcję z pracy pracowników i wsparcie organizacyjne. Zmienne te (satysfakcja pracowników z pracy i wsparcie organizacyjne) niezmiennie mają rozbieżny wpływ na zaangażowanie nauczycieli. W rzeczywistości, w przypadku braku uwagi na te warianty, personel lub pracownicy nie byliby zadowoleni i stanęliby w obliczu różnych problemów, w tym rezygnacji z usług.

Na przykład, zadowolenie z pracy i zaangażowanie organizacyjne pracowników są szeroko badanymi czynnikami w literaturze dotyczącej zarządzania i zasobów ludzkich (Colakoglu, Culha i Atay, 2010; Dingeta, 2013; Gutierrez, Candela i Carver, 2012), które są prekursorami wyników pracowników. Co najważniejsze, czynniki te są jeszcze ważniejsze w przypadku studiów w instytucjach akademickich, zwłaszcza w uczelniach wyższych, które są źródłem zasobów ludzkich i są wyłącznie odpowiedzialne za kształcenie intelektu narodów. Zadowolenie z pracy jako pojęcie definiowane jest jako postawa, jaką jednostki mają w stosunku do swojej pracy. Wynika to z ich postrzegania swojej pracy i tego, jak dobrze czują się w pracy (Colakoglu i in. 2010). W innych przypadkach satysfakcja z pracy jest określana jako stopień, w jakim środowisko pracy odpowiada potrzebom i wartościom pracowników oraz zdolność jednostki do reagowania na takie środowisko (Dingeta, 2013). W skrócie - poczucie satysfakcji z pracy lub jeszcze lepiej konstelacja postaw, jakie pracownicy mają wobec swojej pracy i innych związanych z nią aspektów.

Oprócz przekonania, że satysfakcja z pracy jest sumaryczną oceną, jaką ludzie dokonują ze swojej pracy, należy pamiętać, że czynniki wpływające na satysfakcję z pracy różnią się w zależności od miejsca i osoby. Badania przeprowadzone w różnych zagranicznych krajach wykazały, że czynniki takie jak: Sama praca (Haorei, 2012), Nadzór (Morrow, 2011), Możliwości awansu (Chughtai i Zafar, 2006), Wynagrodzenie (Sharma i Gupta, 2012), relacje ze współpracownikami (Mowday i Sutton, 1993), uznanie (Kraig, 2003) mają związek z satysfakcją z pracy pracowników. Również czynniki związane z cechami demograficznymi poszczególnych osób, takie jak: staż pracy (Nketsia i Saloviita, 2013), wykształcenie (Chireshe i Shumba, 2011), wiek (Jones Johnson i Johnson, 2000) i płeć (Brenya i Asare, 2011) mają związek z satysfakcją z pracy.

Oprócz satysfakcji z pracy, wsparcie organizacyjne jest również postrzegane jako zmienna społeczno-ekonomiczna, która stoi w sprzeczności z zaangażowaniem pracowników. To wsparcie organizacyjne tłumaczy się tym, jak bardzo organizacja ceni wkład pracowników i troszczy się o nich w organizacji (Eisenberger 1986). Innymi słowy, wsparcie organizacyjne jest dwukierunkową relacją pomiędzy organizacją i jej pracownikami, w której organizacja zapewnia wszystkie niezbędne polityki, procedury i mechanizmy na rzecz pracowników i pracowników, którzy zamierzają wytrwale pracować na rzecz realizacji celu organizacyjnego.
Wsparcie organizacyjne jest postrzegane jako postrzeganie przez pracowników ich organizacji. Oczekiwania dotyczące tego postrzegania w umyśle pracownika to takie wyniki, jak rozważenie uznania w organizacji, dobroci pracownika przez organizację oraz dzielenie się wspólnymi wartościami przez organizację i pracownika. Najczęściej pracownicy, wspierani przez swoją organizację, postrzegają siebie jako wartościowych pracowników dla swojej organizacji. Ci pracownicy, którzy postrzegają siebie jako cennych pracowników dla swojej organizacji, są zadowoleni ze swojej pracy i mogą mieć silne poczucie przywiązania do swojej organizacji.

Badania empiryczne wykazały, że pracownicy wspierani przez swoją organizację są również zadowoleni ze swojej pracy (Chiboiwa, Samuel i Chipunza, 2010; Gutierrezet al. , 2012; Haorei, 2012; Imran, Arif, Cheema i Azeem, 2014). Niektóre inne badania wykazały również, że wsparcie organizacyjne udzielane pracownikom przez ich organizację powoduje poprawę pozytywnych zachowań i postaw, takich jak zaangażowanie afektywne i normatywne (Aydin, Sarie i Uysal, 2013; Kraimer, Seibert, Wayne, Liden i Bravo, 2011; Naderi Anari, 2012; Zeinabadi i Salehi, 2011). Argumentowano, że postrzegane wsparcie organizacyjne wpływa czasem na ciągłe zaangażowanie (Bogler i Nir, 2012; Collie, Shapka i Perry, 2012).

Powyższy akapit wykazał badania łączące wsparcie organizacyjne z zaangażowaniem pracowników. Dodatkowo, w odniesieniu do satysfakcji z pracy, badania pokazują, że satysfakcja z pracy może poprawić wydajność pracy, pozytywne wartości pracy, wysoki poziom motywacji pracowników oraz niższe wskaźniki absencji, rotacji i wypalenia (Zeinabadi i Salehi, 2011). Niektórzy badacze wskazują, że satysfakcja z pracy jest predyktorem zaangażowania organizacyjnego (Bogler i Nir, 2012; Collieet al. 2012; Imranet al. 2014; Kraimeret al. 2011; Naderi i Anari, 2012). Chireshe i Shumba (2011) wskazali również, że satysfakcja z pracy wśród nauczycieli jest wieloaspektowym konstruktem, który ma kluczowe znaczenie dla zatrzymania nauczyciela i okazał się istotnym wyznacznikiem jego zaangażowania. Autorzy dodali, że badania ujawniają jednak daleko idące różnice w tym, co przyczynia się do satysfakcji z pracy i różnice grupowe według czynników demograficznych.

Chociaż może istnieć kilka cech, które odróżniają instytucje akademickie od instytucji pozauczelnianych, można stwierdzić, że obie te zmienne, takie jak zadowolenie z pracy i wsparcie organizacyjne oraz zaangażowanie organizacyjne, mają istotne znaczenie. Według Boateng, (2012) zawód nauczyciela zajmuje wysokie miejsce na liście sukcesów społeczeństwa. Dlatego też zrozumienie zachowań i postaw nauczycieli wymaga większej uwagi w instytucjach. Aby skutecznie wypełniać oczekiwane role i obowiązki, wymaga to dużego zaangażowania ze strony osób kształcących nauczycieli, które biorą pod uwagę ich emocjonalne lub afektywne przywiązanie do swojej pracy i miejsca pracy.

Krytyczna ocena przedstawionych dyskusji i dowodów pokazuje, że nie ma wątpliwości, iż koncepcje te (wsparcie organizacyjne, satysfakcja z pracy i zaangażowanie) są kotwicą sukcesu organizacyjnego i rozwoju krajowego. Jedną z ważnych instytucji rozwoju narodowego, szczególnie w Ghanie, są uczelnie wyższe. Pracownicy szkół wyższych są bardzo ważni, ponieważ szkolą niedoszłych nauczycieli, którzy z kolei stanowią podstawę wczesnej edukacji i rozwoju poznawczego. Dlatego zapewnienie organizacyjnego zaangażowania nauczycieli w tych kolegiach poprawiłoby jakość osób, które wychowały się jako nauczyciele. Jednak prawie wszystkie badania nad tą koncepcją pomijają zarządzanie nauczycielami w kolegiach pedagogicznych. Tymczasem dane wyjściowe wskazują, że większość nauczycieli w kolegiach pedagogicznych porzuca pracę na rzecz podobnych stanowisk w uczelniach. Istnieje zatem potrzeba zbadania, w jaki sposób wsparcie organizacyjne i satysfakcja z pracy nauczycieli w kolegiach doprowadziłyby do zaangażowania nauczycieli.

1.3 ZGŁASZANIE PROBLEMÓW

Kolegia instytucji kształcących nauczycieli w kraju zostały zobowiązane do przygotowania nauczycieli szkół podstawowych i gimnazjalnych oraz liderów oświaty, którzy będą w stanie osiągnąć cele Polityki Kształcenia i Szkolenia oraz strategie zawarte w Narodowym Programie Rozwoju Nauczycieli. Pomimo rosnącej roli i obowiązków, jakie mają dziś do odegrania nauczyciele w szkołach wyższych, często spotyka się ich skargi i ubolewanie wśród siebie. Wśród wyrażanych przez nich obaw znajdują się m.in. duże obciążenie pracą bez rozsądnego wynagrodzenia, praca bez odpowiednich środków, niezadowalające korzyści finansowe oraz słabo wyposażone biura i kawiarnie (Nketsia i Saloviita, 2013).

W związku z tym Brenya i Asare, (2011) wskazali, że pracownicy, którzy nie są zadowoleni z pracy, wykazują różne zachowania związane z wycofaniem się z pracy: obejmują one bardziej krótkoterminowe sposoby ucieczki od szkodliwych warunków pracy, takie jak spóźnianie się lub przedwczesne opuszczanie pracy, nieobecność lub minimalizowanie czasu spędzanego na zadaniu. Podobnie Boateng, (2012) wskazał, że pracownicy wykazują różne zachowania obronne, gdy są sfrustrowani blokadą potrzeb i celów osobistych w pracy.

Ponadto podkreślił, że możliwe reakcje na frustrację spowodowane nieosiągnięciem lub niespełnieniem pożądanych celów obejmują: fizyczny lub słowny atak na jakąś osobę lub przedmiot; na przykład uderzenie przełożonego, wściekłość lub obelżywy język, zniszczenie sprzętu lub dokumentów. Czasami obejmuje to również różne zachowania związane z wycofaniem się z pracy, takie jak spóźnione przyjście do pracy w czasie wcześniejszego odejścia, absencja i choroba oraz odmowa przyjęcia odpowiedzialności. Co więcej, unikają oni również podejmowania decyzji, przekazywania pracy współpracownikom lub całkowitego odejścia z pracy. Wraz z tymi oznakami niekorzystnego nastawienia pedagogów do swojego środowiska pracy, ich poczucie zaangażowania i satysfakcji z pracy staje się wątpliwe.

W związku z tym istotne jest posiadanie kompleksowego modelu teoretycznego dostosowanego do instytucji edukacyjnych w celu zrozumienia i zarządzania dynamiką zaangażowania nauczycieli w ramach ramek satysfakcji z pracy nauczyciela i wsparcia organizacyjnego. Jest to jednak praktycznie nieobecne w literaturze. W rzeczywistości, aby osoby kształcące nauczycieli w szkołach wyższych osiągały lepsze wyniki, nie można ignorować kwestii związanych ze wsparciem organizacyjnym, satysfakcją z pracy i zaangażowaniem, co sprawia, że potrzeba kompleksowego modelu jest bardzo krytyczna. Uzasadniona jest zatem całkowita lojalność wobec instytucji, w której pracownicy są bardzo zadowoleni z wykonywanej pracy, ale zasadnicze pytania są następujące: Czy nauczyciele są bardzo zadowoleni z różnych aspektów swojej pracy? i czy nauczyciele edukujący są zaangażowani w pracę na uczelni? Dlatego ważne jest, aby zająć się tymi kwestiami, ponieważ wśród kadry nauczycielskiej kolegiów nauczycielskich w kraju praktycznie nie ma studiów ani literatury badającej te zmienne.

Dartey-Baah, Amoako, 2011; Kwenin, Muathe i Nzulwa, 2013; Mensah, 2011), jednak większość z tych badań koncentrowała się konkretnie na satysfakcji z pracy, a zatem nie rozważano konsekwencji i wkładu wsparcia organizacyjnego. Jednak w nielicznych badaniach dotyczących stresu, zadowolenia z pracy i zaangażowania (Mensah, 2011), postrzegania środowiska pracy i afektywnego zaangażowania (Naderi Anari, 2012) podjęto próbę zbadania niektórych korelatów satysfakcji z pracy. Niemniej jednak, większość z powyższych badań znajduje się poza kontekstem szkolnictwa wyższego i może nie odzwierciedlać tego, jak nauczyciele w szkołach wyższych postrzegają swoje środowisko pracy. Niniejsze opracowanie ma zatem na celu wypełnienie tej luki poprzez empiryczne zbadanie poczucia, jakie mają nauczyciele edukujący w stosunku do różnych wymiarów swojej pracy; oraz tego, jak wiąże się ono z ich zaangażowaniem na rzecz sukcesu instytucji.

1.4 CEL PODSTAWOWY

Podstawowym celem jest zbadanie dynamiki relacji pomiędzy wsparciem organizacyjnym, satysfakcją z pracy nauczycieli i ich zaangażowaniem oraz opracowanie wstępnego modelu wsparcia organizacyjnego, satysfakcji z pracy nauczycieli dla praktyk zaangażowania nauczycieli w szkołach wyższych z wykorzystaniem danych z Ghany.

1.5 CELE DRUGORZĘDNE

W badaniu podzielono cel ogólny na cele szczegółowe i drugorzędne. Są to następujące cele:

i. Zbadajcie, w jaki sposób wsparcie organizacyjne wpływa na zaangażowanie nauczycieli w szkołach wyższych w Ghanie.
ii. Ustalenie, czy satysfakcja z pracy nauczycieli w znaczący sposób przekłada się na ich zaangażowanie w edukację w Ghanie
iii. Zbadanie współdziałającej roli satysfakcji z pracy w relacji pomiędzy wsparciem organizacyjnym a zaangażowaniem nauczycieli w szkołach wyższych w Ghanie.
iv. Opracowanie modelu teoretycznego, który wyjaśni konstrukcje wsparcia organizacyjnego, satysfakcji z pracy nauczycieli i ich zaangażowania w kolegiach edukacyjnych w Ghanie.
v. Opracowanie zaleceń politycznych dotyczących restrukturyzacji kolegiów edukacyjnych w Ghanie w odniesieniu do wsparcia organizacyjnego, zadowolenia z pracy nauczycieli i ich zaangażowania w sprostanie wymogom współczesnej praktyki pedagogicznej.

1.6 OGRANICZENIA BADANIA

Podobnie jak wszystkie inne badania naukowe, również i to badanie posiada pewne ograniczenia, które powinny być wzięte pod uwagę przez wszystkich czytelników podczas wykorzystywania materiału dowodowego w tym badaniu. Opracowanie to jest ograniczone w odniesieniu do jego środowiska i danych do szkół wyższych w Ghanie. Dlatego też, uogólnienie ustaleń i zaleceń wynikających z tego badania może być również ograniczone.

Zmienne i konstrukcje wykorzystywane w tym badaniu są mierzone na podstawie danych zebranych od respondentów, których oceny opierają się wyłącznie na ich samoświadomości i postrzeganiu zagadnień zawartych w kwestionariuszu. Tak więc na ważność pomiaru i związanych z nim ustaleń może mieć wpływ taka samoświadomość i postrzeganie.

Kolejnym potencjalnym ograniczeniem jest sposób dystrybucji narzędzia badawczego. Kwestionariusze byłyby wysyłane pocztą do respondentów objętych próbą. Chociaż w ramach badania podejmowane byłyby kroki w celu ustalenia gotowości respondentów przed wysłaniem do nich kwestionariuszy, nadal istnieje ograniczenie w zakresie możliwości zachowania kontroli nad tym, kiedy zostaną one wypełnione i zwrócone. Pomimo tych wyjaśnionych ograniczeń, badanie minimalizuje rozmiar ich skutków, aby wyciągnąć wnioski, które są obiecujące dla praktyków, pedagogów i badaczy.

1.7 PROJEKT I PRZEGLĄD BADAŃ

W tej części rozdziału przedstawiono strukturę badania, jego ramy i przegląd. Zawiera ona zakres badania, pytania badawcze, hipotezę, potencjalny wkład i organizację badania.

1.7.1 Zakres badań

Studium koncentruje się na uczelniach wyższych w Ghanie i na tym, w jaki sposób administratorzy tych uczelni mogliby zapewnić zaangażowanie nauczycieli poprzez ich zadowolenie z pracy i wsparcie organizacyjne. Studium obejmuje opracowanie modelu zaangażowania nauczycieli w kolegiach edukacyjnych poprzez satysfakcję z pracy i wsparcie organizacyjne. Badane są również zależności między wsparciem organizacyjnym a zaangażowaniem nauczycieli oraz satysfakcją z pracy i zaangażowaniem organizacyjnym.

1.7.2 Pytania badawcze

Pytania badawcze do tego proponowanego badania empirycznego są następujące:

i. W jaki sposób wsparcie organizacyjne konstruuje znacząco przewidywalne zaangażowanie nauczycieli w szkołach wyższych w Ghanie?
ii. W jakim stopniu zadowolenie z pracy nauczyciela wpływa na poziom jego zaangażowania w kolegiach edukacyjnych w Ghanie?

iii. Jaka jest interakcyjna rola satysfakcji z pracy w relacji pomiędzy wsparciem organizacyjnym a zaangażowaniem nauczycieli w szkołach wyższych w Ghanie?
iv. Jakie ramy teoretyczne wyjaśniają konstrukcje wsparcia organizacyjnego, satysfakcji z pracy nauczycieli i ich zaangażowania?

1.7.3 Hipoteza badawcza

Opracowanie uaktywnia centralną hipotezę, aby dopasować ją do konkretnych potrzeb badania i odpowiedzieć na pytania badawcze. Są one sformułowane w następujący sposób:

H0: Nie ma znaczącego wpływu konstrukcji wsparcia organizacyjnego na zaangażowanie nauczycieli.

H0: Zadowolenie z pracy nauczyciela nie ma znaczącego wpływu na poziom jego zaangażowania

H0: Zadowolenie z pracy nauczyciela nie łagodzi znacząco związku pomiędzy wsparciem organizacyjnym a zaangażowaniem nauczyciela w szkołach wyższych w Ghanie.

1.8 ORGANIZACJA BADAŃ

Badanie podzielone jest na pięć rozdziałów, które dotyczą celów badawczych i stwierdzenia problemu. Są one następujące: Rozdział 1 zawiera wprowadzenie, które obejmuje m.in. tło, stwierdzenie problemu, cele badawcze, pytania badawcze, hipotezy, projekt i przegląd oraz organizację badania i podsumowanie. Rozdział 2 obejmuje przegląd literatury. W tym rozdziale omówiono podstawy badania, jego rozwój, w którym krytycznie oceniono takie konstrukcje, jak wsparcie organizacyjne, zadowolenie z pracy i zaangażowanie.

Odpowiednie teorie są również przeglądane w sekcji "różne teorie", prezentowane są dyskusje na temat myślenia historycznego i odpowiedzi z warsztatów. W rozdziale 3 przedstawiono metodologię badań. W rozdziale 4 niniejszego opracowania przedstawiono analizę danych. Zawartość obejmuje kontekst miejsc badawczych, analizy i wnioski z kwestionariuszy oraz analizy i wnioski z wywiadu. W rozdziale 5 niniejszego opracowania przedstawiono ocenę badania, implikacje dla przyszłych badań i wnioski z nich wynikające. Piśmiennictwo będzie ułożone zgodnie z kolejnością alfabetyczną nazwisk cytowanych autorów.

1.9 STRESZCZENIE

Celem tego rozdziału było przede wszystkim przedstawienie ogólnego zarysu badań. W rozdziale tym przedstawiono istotne tło badań i uzasadnienie prowadzenia studiów, w szczególności w szkołach wyższych w Ghanie. W rozdziale tym omówiono istotne luki w literaturze, z naciskiem na instytucje edukacyjne, oraz powody ich uzupełnienia. Cele badawcze, w tym cele ogólne i szczegółowe, zostały sformułowane tak, aby odnieść się do podstaw badania i kwestii poruszonych w tle oraz do stwierdzenia problemu. Cele szczegółowe zostały następnie włączone do roboczych pytań badawczych. Centralna, hipotetyczna deklaracja została również sformułowana w celu ukierunkowania konkretnych hipotez badawczych istotnych dla odpowiedzi na pytania badawcze. Zakres badania został uchwycony w ramach delimitacji, a także zgłoszone zostały potencjalne ograniczenia badania.

ROZDZIAŁ II. PRZEGLĄD LITERATURY

2.0 PODSTAWY STUDIUM

Nie można nie doceniać znaczenia edukacji. Edukacja jest fundamentem, na którym budowany jest rozwój zasobów ludzkich każdego narodu. Warto więc pamiętać, że solidna struktura edukacji prowadzi do oświeconego społeczeństwa i rozwoju przyszłej siły roboczej, co w konsekwencji prowadzi do krucjaty na rzecz transformacji społecznej i postępu gospodarczego kraju (Brenya i Asare, 2011). Rozwinięte zasoby ludzkie lub kapitał ludzki mogą być orędownikami postępu społecznego poprzez zastosowanie nabytych umiejętności na rzecz wielu innych jednostek. Warto jednak zauważyć, że centralnym elementem przedsiębiorstwa edukacyjnego jest nauczyciel. Rola nauczyciela jest tak ważna, że żaden kraj nie może sobie pozwolić na to, by ją przeoczyć. Według Asare i Nti (2014), edukacja jest warunkiem rozwoju zdolności, zdolności instytucjonalnych i aby osiągnąć tę rzeczywistość, nauczyciel jest ostatecznym decydentem.

Ze względu na stałe znaczenie kształcenia nauczycieli, Ghana w ciągu ostatnich dziesięcioleci starała się szkolić, rozwijać i zatrzymywać nauczycieli jako podstawę zdolności i potrzeb ghańskiej siły roboczej. W związku z tym Prezydencki Komitet ds. Edukacji (PCE) (2002), ostatni komitet powołany do pracy nad reformami edukacyjnymi w Ghanie, zalecił między innymi krytyczne podejście i przegląd w celu uczynienia kształcenia nauczycieli dość istotnym dla rozwoju Ghany. W swoim wkładzie w mandat szkół wyższych edukacji w Ghanie, Boateng (2012 r.) oraz Nketsia i Saloviita (2013 r.) wyjaśnili niektóre z podstawowych mandatów szkół wyższych edukacji w Ghanie.

Boateng (2012 r.) oraz Nketsia i Saloviita (2013 r.) stwierdziły, że jednym z podstawowych mandatów jest zapewnienie kompleksowych ram i programu szkolenia nauczycieli, w tym szkoleń przedszkolnych i doskonalenia zawodowego. Stwierdzili oni również, że te kolegia oświatowe są upoważnione do zobowiązania się do stworzenia oddanych, zaangażowanych i kompetentnych nauczycieli, którzy będą zasilać podstawowe instytucje edukacyjne i wspierać jakość kształcenia (nauczania i uczenia się) tych instytucji w Ghanie.

Aby osiągnąć podstawową misję kształcenia nauczycieli, powinny istnieć pewne podstawy w środowisku, z którego szkoleni są nauczyciele. W Ghanie uczelnie kształcące nauczycieli, obecnie nazywane kolegiami nauczycielskimi, są instytucjami, które szkolą nauczycieli dla szkół podstawowych. Takie środowiska powinny mieć pragmatyczną politykę i procedury kształtowania umysłów i postaw trenerów, aby mogli oni skutecznie wpływać na praktyczną wiedzę napływających do nich nauczycieli, którzy stanowią podstawę rozwoju człowieka. Dla celów niniejszego opracowania jedną z podstawowych zasad zapewnienia wysokiej jakości przekazywania wiedzy w szkołach wyższych jest zaangażowanie nauczycieli.

Nauczyciele w tym miejscu, podobnie jak w pozostałej części rozdziału, odnoszą się do trenerów lub opiekunów w różnych szkołach wyższych, których podstawowym celem jest szkolenie przyszłych nauczycieli dla różnych szkół podstawowych w kraju. Zaangażowanie nauczycieli, określane jako podstawowe, nie może jednak zostać osiągnięte bez pewnych fundamentalnych uprzedzeń. Podstawą niniejszego opracowania jest badanie antecedentów i opracowanie modelu zaangażowania nauczycieli na rzecz wspierania jakości kształcenia. W niniejszym studium zbadano przede wszystkim konstrukcje wsparcia organizacyjnego i satysfakcji z pracy nauczycieli oraz to, w jaki sposób ich interakcje mogą stworzyć model pozwalający sprostać wyzwaniom związanym z zaangażowaniem nauczycieli w kolegiach edukacyjnych w Ghanie. Dyskusja, która będzie kontynuowana, bada zatem wzajemne powiązania wsparcia organizacyjnego, satysfakcji z pracy nauczycieli oraz to, jak te dwa ważne pojęcia niezmiennie wpływają na zaangażowanie nauczycieli w kolegiach edukacyjnych w Ghanie. Wzajemne powiązania pomogłyby dowiedzieć się, jak skuteczny wpływ wiedzy edukacyjnej zostałby wzmocniony i jak efekt jej powielania na dalszych etapach rozwoju kapitału ludzkiego.

Szkoły wyższe w Ghanie zostały utworzone wyłącznie w celu kształcenia osób, które mogą uczyć i pielęgnować dzieci we wczesnym okresie ich rozwoju. Jest to bardzo istotne, ponieważ sposób, w jaki dzieci są pielęgnowane od dzieciństwa określa ich ogólną istotę w miarę dorastania (Asare i Nti, 2014). Dlatego też, aby dzieci mogły dobrze funkcjonować na każdym etapie rozwoju poznawczego, konieczne jest zapewnienie im

odpowiednich szkoleń, które pozwolą im spełnić międzynarodowe standardy edukacyjne. Wymaga to nie tylko korepetytorów, ale także takich, którzy są zaangażowani w pracę i lubią robić to, co robią.
Znaczenie zaangażowania nauczycieli, jak wyjaśniono powyżej, jest odzwierciedleniem argumentów Lockheeda i Verspoora (1991). Lockheed i Verspoor (1991) wskazali, że celem kształcenia nauczycieli nie jest indoktrynacja nauczycieli, aby zachowywali się w sposób sztywno określony, lecz zachęcanie ich do zastanowienia się nad tym, czego uczą, dlaczego i w jaki sposób uczą oraz wykazania miłości do tego, co robią w określony sposób. Można to zaobserwować tylko u zaangażowanych korepetytorów. Zaangażowanie i oddanie nauczycieli w ogóle jest konstrukcją wieloaspektową i dlatego zarządzanie nią jest bardzo złożone (Chireshe i Shumba, 2011). Niniejsze opracowanie krytycznie ocenia zatem odpowiednią literaturę w odniesieniu do wsparcia organizacyjnego i satysfakcji z pracy nauczyciela, zgodnie z teorią i stanowi podstawę do zaproponowania modelu zaangażowania nauczyciela, wykorzystującego wsparcie organizacyjne i satysfakcję z pracy nauczyciela jako element poprzedzający.

2.1 ROZWÓJ BADANIA

Zaangażowanie nauczycieli w kolegiach kształcących, podobnie jak każde inne zaangażowanie organizacyjne, jest bardzo ważne, jeżeli celem tych kolegiów jest zapewnienie przyszłym nauczycielom możliwości zdobycia głębokiej wiedzy i zrozumienia w szerokim zakresie dziedzin oraz nauczenia się profesjonalnego dyskursu i praktyk, a także warunków zaangażowania i realizacji. W rzeczywistości zaangażowanie nauczycieli jest niezbędne, by zapewnić przyszłym nauczycielom odpowiedni poziom wiedzy. Zaangażowani nauczyciele nie postrzegają siebie jako pasywnych członków instytucji, ale jako aktywnych członków, których działania i zaniechania mają głębsze konsekwencje dla organizacji.

Aby osiągnąć wysoki poziom zaangażowania nauczycieli, w literaturze przedmiotu sugeruje się, że kierownictwo i kierownictwo instytucji powinno starać się stworzyć pewne infrastruktury, które mogłyby służyć jako antagoniści niezbędnego zaangażowania. Studium to bada, w jaki sposób konstrukcje wsparcia organizacyjnego i satysfakcji z pracy nauczyciela mogą być wykorzystane do opracowania modelu empirycznego, który byłby w stanie sprostać wyzwaniom związanym z zaangażowaniem nauczycieli w kolegiach edukacyjnych w Ghanie. Niektóre z kluczowych, istotnych dla tego przedmiotu przedmiotów to zatem wsparcie organizacyjne, satysfakcja z pracy i zaangażowanie nauczyciela. Te przedmioty lub pojęcia są głównymi przedmiotami dyskusji w tej sekcji.

2.1.1 Wsparcie organizacyjne i zaangażowanie nauczycieli

W literaturze przeprowadzono wiele badań w celu zbadania wsparcia organizacyjnego i zaangażowania pracowników (Adeniji, 2011; Eisenberger, Cummings, Armeli i Lynch, 1997; Kraimer, Seibert, Wayne, Liden i Bravo, 2011). W większości tych badań wsparcie organizacyjne jest postrzegane jako ważny czynnik ujawniający zaangażowanie organizacyjne. W opracowaniach tych przedstawiono wiele poglądów na temat wsparcia organizacyjnego i wyjaśnienia koncepcji. W rzeczywistości, w większości literatury, wsparcie organizacyjne zostało zdefiniowane na różne sposoby. Na przykład, Eisenberger (1986) zdefiniował wsparcie organizacyjne jako pracowników organizacji na podstawie globalnych przekonań dotyczących stopnia, w jakim organizacja docenia ich wkład i dba o ich dobro. Postrzegane wsparcie organizacyjne jest również ponownie definiowane jako stopień, w jakim organizacja docenia wkład pracowników i dba o ich dobro.

Wychodząc naprzeciw tym definicjom, niniejsze opracowanie definiuje wsparcie organizacyjne jako dwukierunkową relację pomiędzy organizacjami i ich pracownikami, w której organizacja zapewnia wszystkie niezbędne polityki, procedury i mechanizmy na rzecz pracowników i pracowników, którzy z kolei pracują wytrwale na rzecz realizacji celu organizacyjnego.

Wsparcie organizacyjne, które może być rozwijane poprzez warunki pracy pracowników i niektóre praktyki w zakresie zasobów ludzkich, wpływa na pozytywne zachowania i postawy pracowników. Wsparcie nadzorcze, sprawiedliwe traktowanie, nagrody i niektóre inne korzystne warunki pracy zostały zidentyfikowane jako niektóre z silnych składników wsparcia organizacyjnego (Astrauskaitė, Vaitkevičius i Perminas, 2011). Uważa się, że postrzegane wsparcie organizacyjne wzmacnia wysiłki pracowników w organizacji, co skutkuje większymi wysiłkami na rzecz realizacji celów organizacji (Adeniji, 2011).

Teoria wsparcia organizacyjnego wskazuje, że w zamian za wysoki poziom wsparcia pracownicy pracują ciężej, aby pomóc swoim organizacjom w osiągnięciu ich celów i odejściu do realizacji ich misji (Chiboiwa, Samuel i Chipunza, 2010). Dzieje się tak dlatego, że doktryny te pomagają zrozumieć, że wsparcie organizacyjne ma znaczący wpływ na zaangażowanie organizacyjne (Adeniji, 2011; Astrauskaitė i in., 2011; Kraimer i in., 2011).

Korzystanie z kolegiów nauczycielskich jako organizacji, w której nauczyciele są pracownikami, wsparcie organizacyjne, jak wyjaśniono powyżej, wydaje się wybitne dla nauczycieli. Wsparcie organizacyjne może być obserwowane przez nauczycieli, gdy zapewnione jest sprawiedliwe traktowanie i sprzyjające środowisko pracy. Co więcej, Astrauskaitė i in. (2011) wskazują na skuteczny nadzór i docenianie wysiłków nauczycieli to niektóre z konstrukcji wsparcia organizacyjnego, które kierownictwo kolegiów edukacyjnych mogłoby rozważyć. Co więcej, okresowe szkolenia w miejscu pracy mające na celu budowanie potencjału stanowią istotne wsparcie, które kierownictwo mogłoby udzielić nauczycielom. Gdy te przepisy są już dostępne, nauczyciele czują się zobowiązani nie tylko do schlebiania swoim obowiązkom, ale także do realizacji celów organizacyjnych.

Według Colakoglu, Culha i Atay (2010), wsparcie organizacyjne jest czasami postrzegane jako indywidualne postrzeganie ich organizacji. Autorzy kontynuują, pracownicy, którzy otrzymują wsparcie, częściej wykorzystują zdobytą wiedzę i umiejętności w celu ulepszenia swoich organizacji. Ponadto, tak długo jak oczekiwania pracowników są spełniane w ich organizacji, pracują oni bardziej nad realizacją celów organizacyjnych (Kraimer i in., 2011). Również wcześniej postawione zarzuty, spełnianie oczekiwań pracowników, korzyści i docenianie ich wysiłków może doprowadzić do tego, że będą oni pozytywnie nastawieni do organizacji. Poza tym wartość i szacunek, jakie organizacje dają swoim pracownikom, może wskazywać na to, że są oni tam akceptowani i chętni. W wyniku takiego poczucia pracownicy pracują ciężej na rzecz realizacji celów organizacyjnych (Demircan i Yildiz 2009).

2.1.2 Zadowolenie i zaangażowanie nauczycieli z pracy zawodowej

W administracji publicznej i zarządzaniu zasobami ludzkimi pojęcie satysfakcji z pracy ma zasadnicze znaczenie, dlatego też jest szeroko rozpowszechnione w literaturze z zakresu zarządzania. Zadowolenie z pracy jest postrzegane jako koncepcja wielowymiarowa, dlatego też nie można mu przypisać jednej definicji lub definicji uniwersalnej. Jednak większość definicji podanych przez autorów wydaje się być zgodna z tą samą logiką. Autorzy ci zdefiniowali satysfakcję z pracy jako uczucie lub jeszcze lepiej konstelację postaw, jakie pracownicy mają wobec swojej pracy i innych związanych z nią aspektów.

Według tych autorów zadowolenie z pracy odnosi się do stopnia, w jakim pracownicy lubią (zadowalają) lub nie lubią (niezadowoleni) swojej pracy (zob. Haorei 2012; Gupta i Sharma 2009; Ivancevich 2000; Khan, Hunjra, Rehman i Azam 2011; Lavania, Sharma i Gupta, 2012; Mudor i Tooksoon, 2011). Ta prosta definicja satysfakcji z pracy oznacza, że satysfakcja z pracy nauczycieli w kontekście tego badania to stan emocjonalny nauczycieli, który wynika z tego, jak oceniają oni swoją pracę i doświadczenia.

2.1.3 Powiązanie pracy nauczyciela Zadowolenie z zaangażowania

Jak już wcześniej wskazano, satysfakcja z pracy jest jednym z najważniejszych postaw pracowników i ich pochodzenia w miejscu pracy. Zasadniczo odzwierciedla ona zgodność pomiędzy tym, czego pracownicy chcą od swojej pracy, a tym, co czują, że otrzymują. Wiąże się to z tym, że zadowolenie z pracy nauczycieli odzwierciedla ich dobre samopoczucie i poczucie przywiązania do swojej pracy. Ta satysfakcja z pracy może poprawić wyniki poszczególnych nauczycieli poprzez zwiększenie motywacji do pracy, kształtowanie zachowań obywatelskich organizacji (zaangażowanie) (Chireshe i Shumba, 2011; Colakoglu i in., 2010; Kraimer i in., 2011). Dodatkowo, zadowoleni nauczyciele w kolegium redukują koszty związane z negatywnymi zachowaniami organizacyjnymi, takimi jak rotacja pracowników, wypalenie, apatia i absencja, które są negatywnymi oznakami zaangażowania. Co więcej, satysfakcja z pracy nauczycieli jest ważnym elementem ich zdrowia psychicznego i ogólnego samopoczucia. Wynika to z faktu, że wpływ satysfakcji z pracy na szczęście i samopoczucie jednostki jest niezaprzeczalny i ostatecznie zaangażowanie.

Jak argumentują Sharma i Gupta (2012), praca jest nie tylko podstawowym źródłem dochodu dla pracowników, ale także ważną dziedziną życia w inny sposób. Podkreślili, że praca zajmuje ważną część i godzinę dnia każdego pracownika, jest głównym źródłem jego reputacji i pozycji społecznej, pomaga określić, kim jest dana osoba, a także wpływa na jej zdrowie zarówno psychiczne, jak i fizyczne. Dlatego też, ze względu na centralną rolę pracy w życiu wielu osób, zadowolenie z pracy jest ważnym elementem ogólnego samopoczucia. Kiedy ludzie są dobrze zadowoleni ze swojej pracy, ostateczną konsekwencją jest zaangażowanie, jakie wykazują wobec swojej organizacji.

Jako zjawisko wielowymiarowe, satysfakcja z pracy ma pewne konstrukcje, które są często wykorzystywane do jej operacjonalizacji w literaturze teoretycznej i empirycznej. Różni badacze zidentyfikowali różne czynniki satysfakcji z pracy. W opinii Mensele'a i Coetzee (2014), posiadanie kapitałów, wystarczających narzędzi pracy, możliwości nauczania i rozsądnego obciążenia pracą są podstawowymi czynnikami satysfakcji zawodowej pracownika. Z drugiej strony, inni naukowcy określają satysfakcję z pracy na podstawie źródła stosunku do pracy, relacji z pracownikami, nadzoru, strategii i wsparcia firmy, wynagrodzenia, awansu i postępu (Sharma i Gupta, 2012). W innym badaniu, Robyn (2012) stwierdził, że praca, płaca, awans, nadzór i współpraca są istotnymi czynnikami determinującymi satysfakcję z pracy. Zadowolenie z pracy dotyczy kilku postaw, w tym postaw związanych z charakterystyką pracy, wynagrodzeniem i świadczeniami, statusem, zabezpieczeniem społecznym, możliwościami awansu, wyzwaniami technologicznymi i szacunkiem.

2.1.4 Zaangażowanie nauczycieli

Zaangażowanie to marzenie, które każda organizacja stara się osiągnąć. Stanowi siłę napędową wydajności i minimalizuje negatywne nawyki związane z pracą, w tym rotację pracowników. Chociaż wiele badań dotyczyło organistycznego zaangażowania, nadal pozostaje ono jednym z najtrudniejszych obszarów badań w dziedzinie zarządzania, zachowań organizacyjnych i zarządzania zasobami ludzkimi (Gutierrez, Candela i Carver, 2012). Zaangażowanie pracowników jest siłą, która, jak się uważa, zobowiązuje jednostkę do podjęcia działań istotnych dla jednego lub więcej celów (Imran, Arif, Cheema i Azeem, 2014).

Jedną z podstawowych definicji pojęcia zaangażowania organizacyjnego jest definicja Portera (1974), który zdefiniował zaangażowanie organizacyjne jako względną siłę identyfikacji i zaangażowania jednostki w danej organizacji (Haorei, 2012). Z tej definicji wynika, że zaangażowanie nauczyciela to emocjonalna więź między nauczycielem a kolegium nauczycielskim. Zaangażowanie nauczyciela może być motywacją do przywiązania i chęci pozostania w pracy (Mart, 2013).

Można go również opisać jako postawę nauczyciela, w tym uczucia, przekonania i intencje behawioralne wobec jego pracy lub kolegium (Boateng, 2012). Zaangażowanie nauczyciela jako postawa odzwierciedla takie uczucia jak przywiązanie, identyfikacja i lojalność wobec kolegium jako przedmiotu zaangażowania (Morrow 1993). Chiboiwa i inni. (2010) wskazali, że zaangażowanie jako zachowanie jest oczywiste, gdy zaangażowani nauczyciele przyjmują określone zachowania ze względu na przekonanie, że są one moralnie poprawne, a nie przynoszą osobistych korzyści. Jeśli chodzi o perspektywę motywacyjną, zaangażowanie nauczyciela jest stanem bycia, w którym nauczyciele są związani swoimi przekonaniami i działaniami, które podtrzymują jego tok postępowania, działania i zaangażowanie w kolegiach (Adeniji, 2011).

Wnioski płynące z tych definicji wyjaśniają, dlaczego w niektórych obszarach zasobów ludzkich zaangażowanie pracowników jest postrzegane jako poczucie ciągłości, przywiązania do organizacji, akceptacji celów i wartości organizacji oraz chęć pomocy organizacji w osiągnięciu tych celów i wartości. Zaangażowanie nauczyciela jest więc jedną z istotnych cech zawodowych, które mają wpływ na sukces wychowawcy. Aby ludzie czuli się przywiązani do swojej organizacji, bardzo ważny staje się trójskładnikowy model zaproponowany przez Meyera i Allena (1991). Te trzy komponenty to zaangażowanie afektywne, zaangażowanie w ciągłość i zaangażowanie normatywne. Każdy z tych modeli ma wpływ na zaangażowanie nauczycieli w szkołach wyższych.

Skuteczne zaangażowanie

Ta forma zaangażowania odnosi się do emocjonalnego przywiązania pracowników do organizacji, ich identyfikacji z nią i zaangażowania w nią.

W ten sposób pracownicy z dużym zaangażowaniem emocjonalnym kontynuują pracę w organizacji, ponieważ chcą to robić. Wskazuje się na to, że członkowie organizacji, którzy wykazują się zaangażowaniem afektywnym, pozostają w swojej organizacji, ponieważ postrzegają cel zgodny z celami zatrudnienia oraz z celami i wartościami ich organizacji (Gutierrezet al., 2012; Morrow, 2011). Co ciekawe, Meyer i Allen (1997) wskazali, że na zaangażowanie afektywne wpływają takie czynniki, jak jasność ról, wyzwania związane z pracą i trudność w osiąganiu celów, otwartość kierownictwa, spójność partnerów, sprawiedliwość, znaczenie osobiste, informacja zwrotna, uczestnictwo i niezawodność.

Powiązanie zaangażowania afektywnego jako wymiaru zaangażowania nauczyciela z zaangażowaniem, które jest zmienną operacyjną, jest zrozumiałe, że zaangażowanie zawodowe w kolegiach pedagogicznych odnosi się do emocjonalnego związku i przywiązania nauczycieli do zawodu nauczyciela, ich identyfikacji z nim i uczestnictwa w nim oraz do jego celów:

1. Motywacja nauczyciela do identyfikowania się z zawodem i dążenie do nie porzucania go dla własnych pragnień,
2. Przestrzeganie zasad nauczania w sposób altruistyczny i przyczynianie się do sukcesu zawodu nauczyciela, przyczyniając się w ten sposób do podniesienia jakości fundacji edukacyjnych, oraz
3. Gotowość do szczególnego poświęcenia się wykraczającego poza zwykły potencjał i do tolerowania trudnych sytuacji (Haorei, 2012; Mensele i Coetzee, 2014).

Kontynuacja Zobowiązanie

Zobowiązanie do ciągłości odnosi się do świadomości kosztów, które są związane z odejściem lub zaprzestaniem współpracy z organizacją. Jest to pozytywna lub negatywna opinia na temat odejścia pracownika z organizacji. Oznacza to, że pracownicy, których podstawowe powiązanie z organizacją opiera się na zobowiązaniu do kontynuowania pracy, pozostają w organizacji, ponieważ muszą to zrobić. Aby rozróżnić pomiędzy zaangażowaniem afektywnym a zaangażowaniem w kontynuację pracy, można stwierdzić, że przy zaangażowaniu afektywnym pracownicy czują się przywiązani, ponieważ chcą gwizdać z zaangażowaniem w kontynuację pracy, pracownicy czują się przywiązani do organizacji, ponieważ tego potrzebują. Zobowiązanie do kontynuowania pracy można opisać jako instrumentalne przywiązanie do organizacji, w przypadku którego o trwałym związku z organizacją lub przywiązaniu do niej decyduje ocena dostępnych korzyści ekonomicznych, które są potencjalne przy ciągłym zaangażowaniu.

Zaangażowanie na rzecz utrzymania ciągłości w szkołach wyższych odnosi się do zaangażowania opartego na korzyściach i kosztach, które są związane z pobytem nauczycieli w ich instytucjach (Nazari i Emami, 2012). Jest to stopień, w jakim nauczyciele szkół wyższych uważają, że kontynuowanie zaangażowania w swoich instytucjach jest satysfakcjonujące lub musi pozostać w zawodzie nauczyciela ze względu na brak alternatyw lub możliwe zakłócenia wynikające z zakończenia pracy (Ware i Kitsantas, 2007). To właśnie przymus ekonomiczny zmusza herbaciarzy do pozostania w uczelniach wyższych i ich wartości (Naderi i Anari, 2012). Kierownictwo instytucji edukacyjnych powinno zatem określić skuteczne strategie tych osób, ponieważ każda dobra okazja skłaniałaby je do porzucenia zawodu lub pracy. Nauczyciele z ciągłym zaangażowaniem zawodowym pozostają w zawodzie nauczyciela, ponieważ opuszczenie tego zawodu wiąże się dla nich z wysokimi kosztami.

Zobowiązanie normatywne

Zobowiązanie normatywne odzwierciedla uczucie lub poczucie obowiązku pozostania lub kontynuacji zatrudnienia w organizacji. Pracownicy o wysokim stopniu lub poziomie zaangażowania normatywnego czują, że powinni pozostać w organizacji (Imran i in., 2014). Takie osoby mają zinternalizowane przekonania normatywne o obowiązku i zobowiązaniu, a zatem są zobowiązane do utrzymania członkostwa w organizacji (Allen i Meyer, 1990). Oznacza to, że normatywne zaangażowanie zawodowe w szkołach wyższych odnosi się do poczucia moralnej odpowiedzialności ludzi za utrzymanie się w zawodzie (Boateng, 2012; Chiboiwa i in. , 2010; Lumley, Coetzee, Tladinyane i Ferreira, 2011). Sensem lub poczuciem obowiązku nauczycieli wobec szkół wyższych jest przestrzeganie ich wartości i zasad (Gutierrez i in., 2013). Przyjęcie celów i wartości szkoły stanowi podstawę zaangażowania nauczycieli w sprawy szkoły. Mahal (2012) postrzegał ją jako swoją postawę, która obejmuje wpływ, przekonania i intencje behawioralne wobec swojej pracy.

Literatura wykazała, że istnieje kilka zmiennych, które mogą determinować poziom zaangażowania nauczycieli w kolegiach. Obejmują one interakcję między nauczycielami, relacje między nauczycielem a uczniem, jakość pracy nauczycieli oraz środowisko pracy (Morrow, 2011). Trzy omawiane do tej pory formy lub modele zaangażowania dają kierownictwu kolegiów nauczycielskich pewien stopień odpowiedzialności za określenie, jaką formę zaangażowania realizują nauczyciele. Pozwoliłoby to na stworzenie warunków do sprostania wyzwaniom stojącym przed pracownikami.

Ponieważ zaangażowanie nauczycieli jest niezbędne dla osiągnięcia celów organizacji, badania wykazały, że wsparcie organizacyjne ma pewien wpływ na różne formy omawianego zaangażowania. Na przykład argumentowano, że wsparcie organizacyjne ma wpływ na zaangażowanie emocjonalne (Colakoglu i in. , 2010; Gutierrez i in. , 2012; Imran i in. , 2014; Mahal, 2012; Morrow, 2011). Zgodnie z wynikami przedstawionymi w tych badaniach, pracownicy, którzy czują się wspierani przez swoje organizacje i czują się doceniani jako pracownicy w swoich organizacjach, stają się bardziej przywiązani do swojej organizacji.

Ten związek pomiędzy wsparciem organizacyjnym a afektywnym zaangażowaniem tłumaczy się teorią tożsamości społecznej. Teoria tożsamości społecznej sugeruje, że nauczyciele pozostają lojalni, gdy czują wartość swojej uczelni i doceniają ją (Tyler, 1999). Jeśli wsparcie organizacyjne zaspokaja potrzeby nauczycieli w zakresie pochwał i akceptacji, nauczyciele włączą członkostwo organizacyjne w poczuciu własnej tożsamości, a tym samym rozwiną pozytywną więź emocjonalną (afektywne zaangażowanie) z organizacją. Dodatkowo, zgodnie z Colakoglu et al. (2010), kiedy nauczyciele postrzegają swoje kolegia jako wspierające, jest bardziej prawdopodobne, że będą odczuwać silne pragnienie utrzymania przywiązania i członkostwa w swoich kolegiach. Tak więc w świetle badań empirycznych i założeń teorii tożsamości społecznej, badanie to hipotetycznie sugeruje, że wsparcie organizacyjne pozytywnie wpływa na zaangażowanie afektywne.

Wykorzystując satysfakcję z pracy, Yang (2010) stwierdziła również, że satysfakcja z pracy jest istotnym czynnikiem wpływającym na zaangażowanie emocjonalne. Zgodnie z wynikami jego badań można ekstrapolować, że nauczyciele, którzy są zadowoleni ze swojej pracy i zaangażowania, są chętni do pracy w imieniu swoich uczelni i mają silną motywację do pozostania w swojej organizacji.

Ponadto, badanie Astrauskaitė et al. (2011) wykazało, że zadowolenie z pracy miało znaczący wpływ na zaangażowanie normatywne. W związku z tym, kiedy pracownicy (nauczyciele) ghańskich szkół wyższych będą zadowoleni, poczują się zobowiązani do pozostania w swoich szkołach wyższych z powodu siły zadłużenia i chęci spłaty moralnego i finansowego wsparcia, które otrzymali od swojej organizacji. Według Eisenberger et al. (1997) zadowolenie z pracy stwarza poczucie obowiązku spłaty organizacji. Wreszcie, badanie przeprowadzone przez Mensele i Coetzee (2014) wykazało, że zadowolenie z pracy ma pozytywny wpływ na ciągłe zaangażowanie. Ujawniły one jednak, że niezadowoleni pracownicy wykazują niższy poziom ciągłego zaangażowania w swoją organizację.

Dyskusje w tej części rozdziału pokazały, że zaangażowanie nauczycieli ma istotne znaczenie, które obejmuje wsparcie organizacyjne i satysfakcję z pracy. Dlatego też konieczne jest wykorzystanie tych antydepeszentów do stworzenia modelu lub profilu zaangażowania nauczycieli w kolegiach edukacyjnych w Ghanie. Aby opracować ten model empiryczny, należy zrewidować teoretyczne wymiary tych zmiennych, aby dokonać skutecznych dedukcji w budowaniu funkcjonalnych konstrukcji dla tych zmiennych. W następnej sekcji dokonano przeglądu niektórych istotnych teorii

2.2. RÓŻNE TEORIE

Wzajemne powiązania między wsparciem organizacyjnym, satysfakcją z pracy i zaangażowaniem pracowników to szeroki obszar badań, szczególnie w zakresie zarządzania zasobami ludzkimi. W związku z tym kilka teorii zostało wykorzystanych jako podstawa tej relacji. Wszystkie teorie zdają się sugerować, że przy istniejących godnych podziwu czynnikach organizacyjnych, pracownicy będą zadowoleni ze swojej pracy i ostatecznie pozostaną zaangażowani w działalność organizacji. Dyskusje, które nastąpią po tych teoriach, stanowią przegląd niektórych z nich i ich zastosowania w obecnym badaniu.

2.2.1 Teoria wartości zamka

Teoria zakłada, że zachowanie ludzi jest wynikiem świadomych celów i intencji jednostki (Griffin i Moorhead, 2010). Według Locke'a, kiedy pracownicy dostrzegą, że cele, które sobie wyznaczyli lub które wyznaczyli sobie menedżerowie, są spełnione i osiągalne, ich zaangażowanie i wydajność będą wzrastać. Może to prowadzić do satysfakcji z pracy i afektywnego zaangażowania. Udane osiągnięcie zamierzonego celu tworzy przyjemny stan emocjonalny (zwany satysfakcją z pracy) po stronie jednostki. Przekroczenie założonych celów zwiększa satysfakcję (Astrauskaitė i in., 2011). Według Astrauskaitė i in. (2011 r.), im większy sukces w dążeniu do celu, tym większa jest satysfakcja z pracy. Twierdzenie to oznacza, że niezadowolenie z pracy jest funkcją wielkości dostrzeganej rozbieżności między zamierzonym a rzeczywistym wynikiem.

Różne zmienne wpływają na osiąganie wyników ukierunkowanych na cel. Niektóre z tych zmiennych obejmują wsparcie organizacyjne, wysiłek, indywidualne umiejętności i cechy osobiste (Griffin i Moorhead, 2010). W badaniu dotyczącym wyznaczania celów Hansson, Hasanen i Hellgren (2011) wskazali, że zapewnienie wsparcia organizacyjnego (poprzez przełożonego) oraz umożliwienie pracownikom udziału w wyznaczaniu celów wpłynęło pozytywnie na satysfakcję z pracy.

Hansson i spółka wskazali ponadto, że nagradzanie pracowników za lepsze wyniki, udzielanie informacji zwrotnych i docenianie ich wyników, uzyskiwanie wsparcia ze strony kadry kierowniczej oraz niski poziom konfliktu celów i stres związany z celami zostały ujawnione jako pozytywnie wpływające na satysfakcję z pracy, a gdy są już zadowoleni, istnieje wysoki poziom zaangażowania. Dlatego też, jeśli osoby takie jak nauczyciele szkół wyższych uważają, że mogą rozwijać się i sprostać wyzwaniom związanym z pracą, dążąc do osiągnięcia celów, które są dla nich ważne i znaczące, rozwijają poczucie sukcesu w miejscu pracy (Haorei, 2012; Imran i in. 2014). Prowadzi to do satysfakcji z pracy

Lock's (1976) value theory explains that the job is related to the match between the job outcome and the expectation desired by the individual. Wartość satysfakcji z pracy staje się wyższa, gdy dopasowanie jest bliższe postrzeganemu pożądanemu rezultatowi, ale niekoniecznie muszą to być podstawowe potrzeby, jeśli chodzi o rezultat, który jednostki cenią, jak wyjaśniono w teorii Herzberga. Może to być wszystko, co jest związane z pracą, której się pragnie. Droga do tej metody jest widoczna różnica między pracą a pragnieniami jednostki. Istnieje bardziej znacząca różnica w odniesieniu do większego niezadowolenia, a różnica ta staje się znacznie mniejsza, gdy pracownik otrzymuje satysfakcję.

Te teoretyczne założenia implikują, że pomyślne osiągnięcie zamierzonego celu przez nauczycieli w szkołach wyższych w Ghanie może stworzyć przyjemny stan emocjonalny (zwany satysfakcją z pracy) i może pozytywnie wpłynąć na poziom ich zaangażowania. Dodatkowo, poziom zaangażowania nauczycieli może zostać zwiększony, gdy kolegia szkolne zapewnią tym nauczycielom wsparcie. Zgodnie z założeniami teorii Locka, istnieje teoretyczny związek pomiędzy wsparciem organizacyjnym, satysfakcją z pracy i zaangażowaniem nauczycieli.

Dodatkowo, wkład Hansson et al. (2011) w zakresie wyznaczania celów, który postuluje, że wyznaczanie przez przełożonych i umożliwienie pracownikom (nauczycielom) udziału w wyznaczaniu celów wpływa pozytywnie na satysfakcję z pracy i odzwierciedla poziom zaangażowania. Wniosek jest taki, że wsparcie organizacyjne może być również zmienną moderującą zależność między satysfakcją z pracy a zaangażowaniem. W rezultacie, wsparcie organizacyjne może mieć bezpośredni wpływ na zaangażowanie lub pośredni poprzez efekt moderujący.

2.2.2 Teoria dwóch fabryk Herzberga

Dwuczynnikowa teoria Herzberga (1959) była szeroko stosowana do zilustrowania, jak satysfakcja z pracy i motywacja łączą siły w celu zapewnienia zaangażowania. Według Colakoglu et al. (2010), teoria dwuczynnikowa Herzberga utrzymuje, że zadowolenie i niezadowolenie są napędzane przez różne czynniki, w zależności od okoliczności i jednostki. W teorii Herzberga na satysfakcję wpływają czynniki motywacyjne, podczas gdy na niezadowolenie wpływają czynniki higieniczne. Czynniki motywacyjne to te aspekty charakterystyki pracy, które sprawiają, że ludzie chcą dobrze wykonywać swoją pracę i dają im satysfakcję.

Na przykład rozwój osobisty, osiągnięcia, uznanie, sama praca i odpowiedzialność są czynnikami motywacyjnymi, które są uważane za mające nieodłączną wartość dla jednostek i jednostka w dużym stopniu może sprawować nad nimi pewną kontrolę. Czynniki higieniczne mają również wartość zewnętrzną Są to te aspekty pracy, które mają wartość zewnętrzną dla jednostki, takie jak polityka, wynagrodzenie, praktyki nadzorcze i inne warunki pracy. Są to aspekty, które w obecnym badaniu określa się jako wsparcie organizacyjne. Zgodnie z teorią dwóch czynników czynniki higieniczne są pozazadaniowymi cechami charakterystycznymi pracy, które podczas nieobecności mogą powodować niezadowolenie z pracy. Te pozazadaniowe cechy charakterystyczne są również nazywane czynnikami zewnętrznymi, ponieważ czynniki te są poza kontrolą jednostki.

Eisenberger et al., (1997) wskazali, że przeciwieństwem niezadowolenia nie jest zadowolenie, ale brak niezadowolenia. Stosując te koncepcje do edukacji, Nyakundi (2015) zasugerował, że jeśli poprawa szkół wyższych i jakość kształcenia zależy zasadniczo od poziomu poprawy nauczania, to zaangażowanie nauczycieli staje się kluczowe. Dodatkowo, wysoce zaangażowani nauczyciele mogą stworzyć dobry klimat społeczny, psychologiczny i fizyczny w klasie. Przykładowi nauczyciele wydają się być w stanie zintegrować wiedzę zawodową (przedmiot i pedagogikę), wiedzę interpersonalną (relacje międzyludzkie), a także wiedzę intrapersonalną (etykę i zdolności refleksyjne), gdy są zadowoleni z wykonywanej pracy.

Czynniki motywujące lub nieodłączne są związane z rzeczywistym wykonaniem pracy lub treścią pracy. Według Nyakundi (2015) opisane tu czynniki motywujące są wewnętrznymi czynnikami pracy, które skłaniają pracowników do dążenia do lepszych osiągnięć i prowadzą do satysfakcji z pracy i większej motywacji. Są to czynniki, które wpływają na postrzeganie lub odczucia pracowników względem siebie i swojej pracy oraz motywują ich do cięższej lub lepszej pracy. Nketsia i Saloviita (2013) stwierdziły, że nieodłącznymi czynnikami motywującymi, takimi jak odpowiedzialność, trudny charakter pracy i osiągnięcia, są motywacje, które pochodzą z wnętrza danej osoby. Dwuczynnikowa teoria Herzberga jest powiązana z teorią hierarchii potrzeb Maslowa.

Teoria ta sugeruje, że potrzeby wyższego rzędu Maslowa są podobne do czynników satysfakcjonujących Herzberga, a potrzeby niższego rzędu Maslowa są podobne do czynników higienicznych Herzberga (Morrow, 2011). Te czynniki motywacyjne są czynnikami wewnętrznymi, które wiążą się z potrzebami wyższego rzędu i obejmują możliwość osiągnięcia w pracy, uznanie osiągnięć, wyzwania i możliwości rozwoju, odpowiedzialność w pracy oraz pracę samą w sobie - jeśli praca jest interesująca (Gutierrez i in., 2014). Obecność wewnętrznych czynników lub motywacji prowadzi do zadowolenia z pracy, ale ich nieobecność nie będzie prowadzić do niezadowolenia z pracy. Przedstawione informacje zostały przedstawione na rys. 2.1 poniżej.

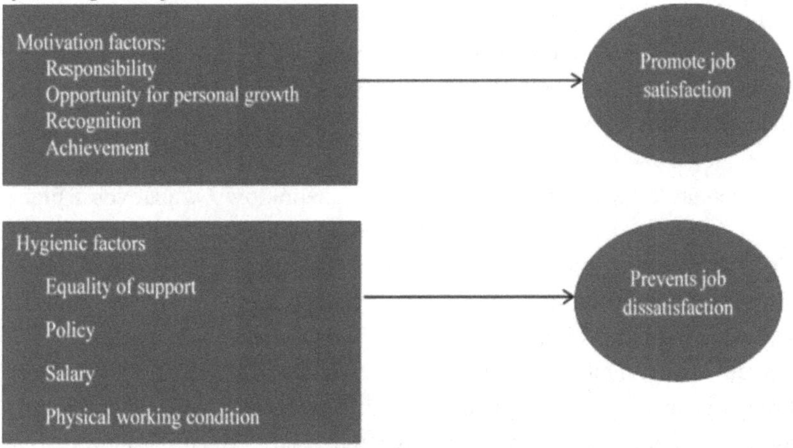

Rysunek 2.1 Teoria dwóch aktorów Herzberga (źródło):

W zawodzie nauczyciela czynniki wewnętrzne odgrywają istotną rolę w motywowaniu jednostek do przystąpienia do zawodu (Jyoti i Sharma, 2009). Jeśli instytucje chcą, aby ludzie byli zachęcani, usatysfakcjonowani i motywowani do pracy, teoria Herzberga wskazuje, że nacisk powinien być położony na czynniki związane z charakterem pracy lub z wynikami bezpośrednio z niej wynikającymi, takie jak sama praca, dla rozwoju osobistego, uznania, odpowiedzialności i osiągnięć. Tak więc zadowolenie z wewnętrznych aspektów pracy jest długotrwałe, a zatem umożliwia nauczycielom utrzymanie poziomu motywacji w czasie.

Herzberg używa terminu higiena dla czynników zewnętrznych, które są związane z potrzebami niższego rzędu i obejmują politykę organizacyjną i administrację, nadzór, relacje interpersonalne z rówieśnikami i przełożonymi, warunki pracy, status, bezpieczeństwo pracy i wynagrodzenie (Haorei, 2012; Imran i in., 2014). Cechy charakterystyczne pracy zewnętrznej odzwierciedlają wyniki uzyskane w trakcie wykonywania pracy i dotyczą środowiska pracy lub kontekstu, w którym praca musi być wykonywana (Hansson i in. , 2011).

Jeśli chodzi o nauczycieli, to nauczyciel, który uważa, że jego wynagrodzenie nie jest wystarczające, poprawa wynagrodzenia nie musi prowadzić do satysfakcji z pracy. Podobnie, gdy nauczyciele dostrzegają, że ich warunki pracy (czynniki higieniczne) są dobre, usuwane są przyczyny niezadowolenia z pracy (Hansson i in., 2011). Chireshe i Shumba (2011) twierdzą, że teoria Herzberga wniosła istotny wkład do teorii motywacji. Ponadto twierdzą, że teoria Herzberga rozszerza idee Maslowa i czyni je bardziej przydatnymi w miejscu pracy.

Teoria ta skupiła swoją uwagę na znaczeniu czynników związanych z pracą w motywacji pracowników. Ponadto Chireshe i Shumba (2011) twierdzą, że teoria Herzberga spowodowała wzrost zainteresowania wzbogacaniem miejsc pracy i restrukturyzacją pracy. Przegląd teorii Herzberga ujawnił pewne ważne konstrukcje, które mogą być wykorzystane do zdefiniowania badanych zmiennych. Czynniki wewnętrzne Herzberga mogą być wykorzystywane do operacjonalizacji satysfakcji z pracy, podczas gdy czynniki zewnętrzne są wykorzystywane jako konstrukty wsparcia organizacyjnego.

2.3 RAMY KONCEPCYJNE

Analiza teoretyczna i rozwój badania wykazały, jak wsparcie organizacyjne i satysfakcja z pracy wpływają na zaangażowanie. Ta część definiuje proponowany model zaangażowania nauczyciela na podstawie wsparcia organizacyjnego i satysfakcji z pracy. Przed opracowaniem proponowanego zintegrowanego modelu zaangażowania nauczycieli, badanie koncentruje się na konceptualizacji badanych zmiennych.

2.3.1 Konceptualizacja wsparcia organizacyjnego

W opracowaniu szczegółowo omówiono wsparcie organizacyjne w punkcie 2.1.1. Ważna jest konceptualizacja lub operacjonalizacja zmiennej w celu opracowania odpowiednich konstrukcji wspierających realizację celu badania. Wsparcie organizacyjne jest realizowane jako postrzeganie przez nauczycieli stopnia, w jakim kolegia edukacyjne doceniają ich wkład i dbają o ich dobre samopoczucie oraz może znaleźć odzwierciedlenie w polityce organizacyjnej, procedurach i mechanizmach na rzecz pracowników. Dlatego też wsparcie organizacyjne zwane jest dalej "postrzeganym wsparciem organizacyjnym".

2.3.1.1 Komponenty/czynniki postrzeganego wsparcia organizacyjnego

Podobnie jak w przypadku większości koncepcji menedżerskich, postrzegane wsparcie organizacyjne nie jest pojęciem prostym, które może być zdefiniowane przez jedną konstrukcję. W niniejszym opracowaniu wykorzystano istniejącą literaturę, aby zbadać konstrukcje, które są istotne dla pomiaru poziomu postrzeganego wsparcia. W niniejszym badaniu zidentyfikowano pięć konstrukcji jako kluczowe wymiary postrzeganego wsparcia organizacyjnego. Obejmują one równowagę między pracą a życiem prywatnym, zarządzanie/kierowanie, środowisko pracy, wsparcie społeczne oraz nagrody i uznanie.

Równowaga między życiem zawodowym a prywatnym

Równowaga między pracą a życiem prywatnym staje się coraz bardziej kluczową kwestią dla pracowników, w tym nauczycieli, i ma tendencję do wpływania na poziom zaangażowania pracowników w swoją organizację. Według Ellenbecker (2004) we współczesnym świecie biznesu i pracy zawodowej pracownicy z reguły tęsknią za elastycznym czasem pracy, który daje im możliwość zajmowania się zarówno sprawami zawodowymi jak i osobistymi.

Uważa się, że niektórzy pracownicy w pierwszej kolejności koncentrują się na karierze zawodowej, aby osiągnąć pewną realizację, a następnie potrzebują więcej czasu, aby poświęcić się innemu życiu osobistemu i społecznemu (Kyndt i in. , 2009; Laabs, 1996). Koncepcja ta została spopularyzowana jako "downshifting". Jest to szczególnie prawdziwe w sektorze edukacji, gdzie minimalne kwalifikacje wymagają od członków poświęcenia dużej części swojego czasu na osiągnięcie szczytu lidera akademickiego, poświęcając tym samym inne sprawy osobiste.

W związku z tym ich zaangażowanie zależy od tego, w jaki sposób polityka organizacji uznaje potrzebę wspierania równowagi między życiem zawodowym i osobistym (Loan-Clarke, Arnold, Coombs, Hartley i Bosley, 2010). Badania empiryczne wykazały, że oferowanie pracownikom wsparcia emocjonalnego poprzez politykę równowagi między pracą a życiem osobistym zmniejsza chęć zaprzestania zaangażowania ze względu na rosnące zaangażowanie (zob. Leners, Roehrs i Piccone, 2006; Mita, Aarti i Ravneeta, 2014; Osman, 2013). W badaniu tym postuluje się zatem, że gdy nauczyciele postrzegają wsparcie organizacyjne poprzez równowagę między pracą a życiem prywatnym, będą bardziej zaangażowani.

Zarządzanie/Liderstwo

Różne wcześniejsze badania wykazały, że cechy kierownicze i przywódcze mają bezpośredni wpływ na zaangażowanie pracowników. Argumentowano, że sposób postrzegania organizacji przez pracowników zależy od relacji z podwładnymi i innych stylów zarządzania i przywództwa (Kaye i Jordan-Evans, 2002; McNeese-Smith, 1995). Dlatego też w badaniu zidentyfikowano zarządzanie/przywództwo jako ważny element postrzeganego wsparcia organizacyjnego. Wsparcie to jest zatem obserwowane z dwóch perspektyw. Są to wsparcie zarządzania i styl przywództwa. Podążanie za literaturą angażującą nauczycieli w podejmowanie decyzji i właściwe sprawowanie nadzoru jest bardziej wartościowe niż inne wsparcie organizacyjne (Christeen, 2015; Noah, 2008; Paillé, 2013).

Środowisko pracy

Kolejnym czynnikiem wpływającym na postrzegane wsparcie organizacyjne jest sprzyjające środowisko pracy. W literaturze wykazano, że ta zmienna lub konstrukcja jest istotnym czynnikiem zaangażowania i utrzymania pracowników (Spence, Leiter, Day i Gilin, 2009). Można to zdefiniować jako politykę organizacyjną lub przewodnik operacyjny, który zapewnia elastyczną atmosferę pracy, gwarantując, że życie zawodowe i doświadczenie są przyjemne, a wymagane zasoby odpowiednio zabezpieczone. Uważa się, że ten rodzaj wsparcia może zwiększyć zaangażowanie nauczycieli, jeżeli jest dostępny w szkołach wyższych w Ghanie.

Wsparcie socjalne

Zdolność organizacji do zapewnienia spójności społecznej jest cennym wsparciem organizacyjnym, które może zapoczątkować zaangażowanie. W związku z tym, gdy uczelnie dążą do tego rodzaju wsparcia, jest bardziej prawdopodobne, że ich pracownicy (nauczyciele) będą bardziej zaangażowani (Jasper, 2007; Miller, Erickson i Yust, 2001; Wells i Thelen, 2002). Wsparcie socjalne można zdefiniować jako zakres satysfakcjonujących relacji, jakie istnieją pomiędzy innymi nauczycielami oraz pomiędzy nauczycielami a ich organizacją lub przełożonymi.

Nagroda i uznanie

Ostatnim wymiarem wsparcia organizacyjnego jest nagroda i uznanie. Agarwal (1998), cytowany w Das i Baruah (2013) zdefiniował nagrodę jako coś pożądanego dla pracowników, co organizacja oferuje swoim pracownikom jako odpowiedź na ich pracę i dobre wyniki. Ta forma organizacyjnego wsparcia wpływa również na zaangażowanie. Uznanie obejmuje sposób, w jaki wysiłki i wyniki są doceniane przez przełożonych, członków zespołu, współpracowników. Według Silberta (2005) nagroda i uznanie są ważne, ponieważ wywierają trwałe wrażenie na pracownikach organizacji, a to z kolei sprawia, że pracownicy w organizacji mają wrażenie, że ich wkład i wysiłki są w niej cenione.

2.3.1.2 Model postrzeganego wsparcia organizacyjnego

W następstwie konceptualizacji wsparcia organizacyjnego i operacjonalizacji wymiarów, w ramach badania opracowano ramy lub model, które mają ukierunkować postrzegane wsparcie organizacyjne. Model wsparcia organizacyjnego został przedstawiony na rysunku 2.2. Z modelu tych pięciu wymiarów wynikają konstrukcje proponowane do oceny poziomu postrzeganego wsparcia organizacyjnego w szkołach wyższych.

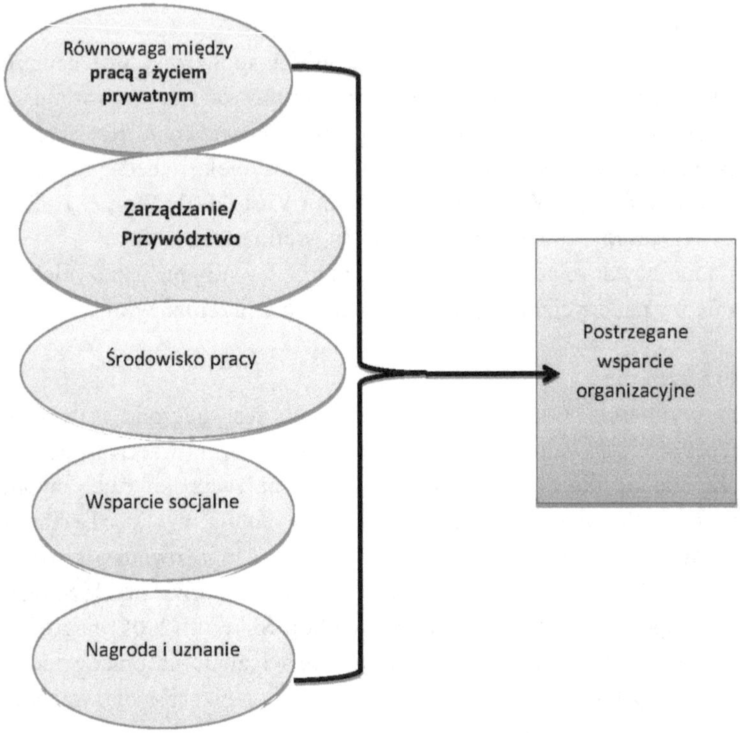

Rysunek 2.2: Model postrzeganego wsparcia organizacyjnego
Źródło: Konstrukcja naukowa opracowana na podstawie literatury

2.3.2 Konceptualizacja satysfakcji z pracy

W ramach opracowywania ram lub modelu zaangażowania nauczycieli, a następnie badania empirycznego tego modelu, należy konceptualizować zmienną satysfakcję z pracy i omawiać jej czynniki. Innym powodem takiej konceptualizacji jest fakt, że zmienna ta jest przedmiotem zainteresowania ekspertów i naukowców z różnych dyscyplin i dlatego trudno jest ustalić uniwersalną lub wspólną definicję, co do której naukowcy z różnych dyscyplin akademickich są zgodni. Wynika z tego, że zmienna powinna być operacyjna w kontekście badania, aby odróżnić ją od innych operacji i określić znaczenie, które będzie wykorzystywane w tym badaniu.

Niniejsze opracowanie jest zgodne z definicją Locke'a (1976). Zgodnie z definicją Locke'a, satysfakcja z pracy w szkołach wyższych to stan emocjonalny nauczyciela wynikający z tego, jak ocenia on swoją pracę lub jak ocenia swoje doświadczenia zawodowe. Odnosi się do uczuć nauczyciela lub jego konstelacji postaw wobec swojej ogólnej pracy lub jej aspektu. Mówiąc prościej, zadowolenie z pracy nauczyciela jest to stopień, w jakim nauczyciel lubi lub nie lubi pracy (Abdulla, Djebarni i Mellahi, 2011; Jathanna, Melisha, Mary i Latha, 2011) i obejmuje wielowymiarowe odpowiedzi, jakie nauczyciel ma na temat swojej pracy.

2.3.2.1 Części składowe/czynniki satysfakcji z pracy

Opierając się na konceptualizacji satysfakcji z pracy, badanie zostało przeprowadzone po badaniach Hulina i sędziego (2003) oraz Pensylwańskiego Uniwersytetu Państwowego (2010), aby stwierdzić, że satysfakcja z pracy nauczyciela jest konstrukcją wielowymiarową i dlatego powinna być mierzona na takim poziomie. Hulin i Sędzia (2003) zidentyfikowali poznawcze, emocjonalne i behawioralne elementy satysfakcji z pracy. W ramach Pennsylvania State University (2010) składniki satysfakcji z pracy zostały zidentyfikowane jako ewaluacyjne, poznawcze i zachowania.

Krytyczny przegląd tych dwóch punktów widzenia ujawnia, że wymiary poznawcze i emocjonalne przedstawione przez Hulina i Sędziego (2003) są podobne, ponieważ oba dotyczą stanu umysłu i dlatego mogą być skonsolidowane jako jeden wymiar. Ponownie, proces poznawczy jest procesem oceny psychicznej, dlatego też ramy ewaluacyjne i poznawcze w ramach Pennsylvania State University (2010) również mogą zostać skonsolidowane jako jeden wymiar.

Wynika z tego, że ramy Hulina i sędziego (2003) oraz Pensylwania State University (2010) dają dwa wymiary. W niniejszym badaniu uaktywniono emocjonalny, poznawczy i ewaluacyjny stan psychologiczny i postawę zawodową, aby przedstawić aspekt behawioralny. Trzecim wymiarem, który proponuje niniejsze badanie, jest postawa społeczna. Chociaż Hulin i Sędzia (2003) uznali postawy społeczne za słabe prognostykowanie satysfakcji, jest to wątpliwe. Silne więzi społeczne i społeczne uznanie pracy mogą być źródłem satysfakcji z pracy, szczególnie w afrykańskim subregionie, gdzie status społeczny ma znaczenie.

Załącznik psychologiczny

Jest to jeden z proponowanych wymiarów satysfakcji z pracy i obejmuje procesy psychiczne, konstrukcje poznawcze i ewaluacyjne, które odnoszą się do danej pracy. Jak wyjaśniono wcześniej, wymiar ten konsoliduje wymiary emocjonalne, poznawcze i ewaluacyjne zaproponowane w ramach Hulina i Sędziego (2003) i Pennsylvania State University (2010) oraz innych konstruktach mentalnych.

Stanowisko pracy

Odnosi się to do stosunku pracowników do ich pracy. Uważa się, że satysfakcja z pracy może być definiowana w kategoriach zachowania, postawy wobec pracy lub części cyklu zachowań lub postaw (Falkenburg i Schyns, 2007).

Postawa społeczna

Określa to satysfakcję z pracy w kategoriach społecznej orientacji pracy. Obejmuje to stan relacji w pracy, więzi społeczne, uznanie społeczne i inne istotne orientacje społeczne.

Na rysunku 2.3. przedstawiono proponowany model wyjaśniający składniki satysfakcji z pracy. Model ten ma na celu dostarczenie zrozumienia i definicji pojęcia satysfakcji z pracy konkretnie dla tego badania. Rysunek zawiera wszystkie trzy kluczowe składniki satysfakcji z pracy, które zostały już omówione.

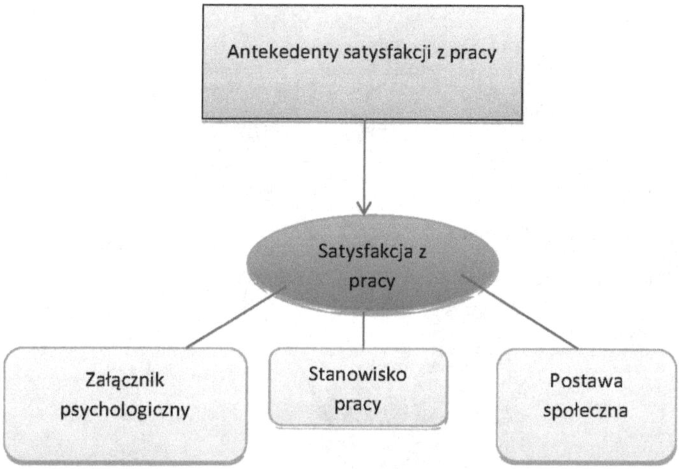

Rysunek 2.3: Proponowany model satysfakcji z pracy
Źródło: Konstrukcja opracowana na podstawie literatury

2.3.3 Zintegrowany Model Zaangażowania Nauczycieli

Bogactwo teorii, badań empirycznych, elementów składowych i antyków zostało zrewidowane w odniesieniu do wsparcia organizacyjnego, zadowolenia z pracy i zaangażowania nauczycieli. Zrozumienie każdej z tych zmiennych, ich konstrukcji, antydeputowanych i tego, jak są one wzajemnie powiązane, jest niezbędne do opracowania kompleksowego modelu istotnego dla szkół wyższych. Pojęcia wsparcia organizacyjnego, satysfakcji z pracy i zaangażowania nauczycieli wydają się być teoretycznie powiązane. Jak przedstawiono na rysunku 2.4, tych trzech koncepcji nie można budować w izolacji.

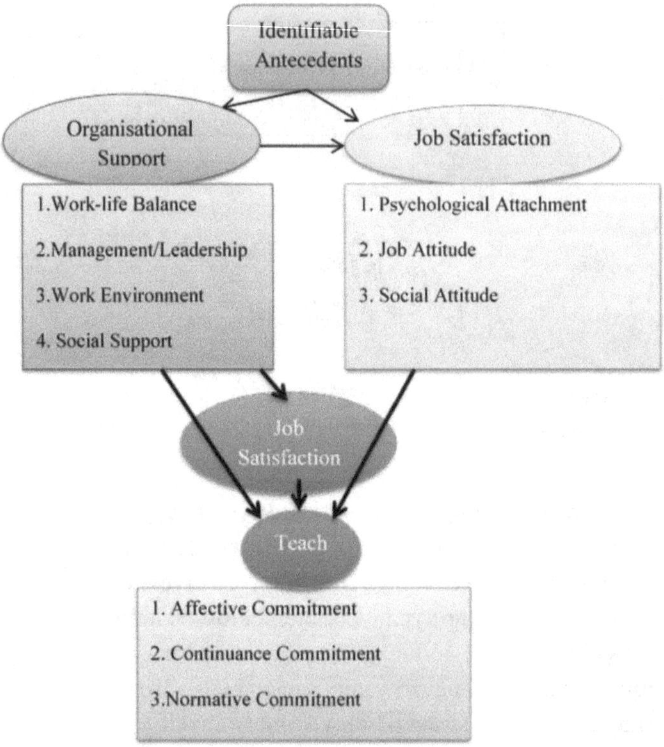

Rys. 2.4 Model teoretyczny: Wsparcie organizacji i zadowolenie z pracy: Model zaangażowania nauczyciela w szkole wyższej
Źródło: Konstrukcja naukowca

Proponowany zintegrowany model, przedstawiony na rysunku 2.4, sugeruje, że aby zarządzać lub rozwijać zaangażowanie nauczycieli, należy zidentyfikować dwa kluczowe elementy: wsparcie organizacyjne i zadowolenie z pracy. Wykorzystanie tych antydeputowanych rozwiązań i ich wdrożenie może zwiększyć poziom wsparcia organizacyjnego i satysfakcji z pracy. Budowanie tych konstrukcji w szkołach wyższych może przełożyć się na budowanie zaangażowania nauczycieli.

Można również zauważyć, że wsparcie organizacyjne może mieć bezpośredni lub pośredni wpływ na zaangażowanie nauczycieli. Wiąże się to z tym, że gdy uczelnie wyższe przyjmują elementy wsparcia organizacyjnego, takie jak równowaga między pracą a życiem prywatnym, zarządzanie/kierowanie, środowisko pracy, wsparcie społeczne oraz nagradzanie i uznawanie, może to mieć bezpośredni wpływ na poziom zaangażowania nauczycieli, podobny do rozwoju zmiennych dotyczących poziomu zadowolenia z pracy nauczycieli. Możliwe jest również, że wpływ zmiennych dotyczących wsparcia organizacyjnego na zaangażowanie może być moderowany przez poziom satysfakcji z pracy. Tym samym dynamika ta stanowi podstawę do badań empirycznych.

2.4 MYŚLENIE HISTORYCZNE

Jak już wspomniano, wsparcie organizacyjne, zadowolenie z pracy i zaangażowanie nauczycieli jest szeroko badane. Wiele instytucji i organizacji pragnie zatrzymać swoich pracowników, aby osiągnąć cele i misję organizacji. Dyskusja, która nastąpi, przedstawia niektóre empiryczne dowody prac badawczych w tym zakresie.

Zdając sobie sprawę, że istnieje tylko kilka badań dotyczących postrzeganego wsparcia organizacyjnego i zaangażowania organizacyjnego w turystyce, Colakoglu et al. (2010) przeprowadzili badanie wykorzystujące satysfakcję z pracy jako zmienną pośredniczącą w relacji, która istnieje pomiędzy postrzeganym wsparciem organizacyjnym a zaangażowaniem organizacyjnym. Celem badania było przeanalizowanie, w jaki sposób wsparcie organizacyjne wpływa na satysfakcję z pracy; zbadanie, w jaki sposób wsparcie organizacyjne wpływa na zaangażowanie organizacyjne; określenie, w jaki sposób satysfakcja z pracy wpływa na zaangażowanie organizacyjne oraz przeanalizowanie moderującej roli satysfakcji z pracy w relacji, która istnieje pomiędzy postrzeganym wsparciem organizacyjnym a zaangażowaniem organizacyjnym.

W badaniu wykorzystano wielowymiarową technikę analityczną do analizy zależności istniejących między badanymi zmiennymi. Poza tym, autorzy poszli za Baronem i Kennym (1986) oraz testem Sobela, aby przeanalizować umiarkowany wpływ poziomu satysfakcji z pracy na związek, jaki istnieje między postrzeganym wsparciem organizacyjnym a zaangażowaniem organizacyjnym. Wyniki badania wykazały, że poziom postrzeganego wsparcia organizacyjnego miał istotny pozytywny wpływ na satysfakcję z pracy, zaangażowanie afektywne, normatywne i ciągłe zaangażowanie. Stwierdzono również, że satysfakcja z pracy ma istotny wpływ na zaangażowanie afektywne, normatywne i ciągłe zaangażowanie. Ponadto, poziom satysfakcji z pracy wykazał częściowy, umiarkowany wpływ na relację pomiędzy postrzeganym wsparciem organizacyjnym a zaangażowaniem organizacyjnym.

W artykule poświęconym satysfakcji z pracy, zaangażowaniu organizacyjnemu i cechom demograficznym nauczycieli w Turcji Yucel i Bektas (2012) zbadali związek między satysfakcją z pracy nauczycieli a ich zaangażowaniem organizacyjnym i ocenili, czy demografia nauczycieli, taka jak wiek, łagodzi istniejący związek między satysfakcją z pracy a zaangażowaniem organizacyjnym w przypadku Turcji. W pracy wszystkie konstrukcje zostały zmierzone przy użyciu instrumentów pochodzących z istniejącej literatury, a kwestionariusz wykorzystany w pracy został opracowany w celu zbadania relacji między satysfakcją z pracy, zaangażowaniem organizacyjnym i wiekiem nauczycieli. W szczególności, grupą docelową badania byli nauczyciele w szkołach średnich. W badaniu zastosowano 432 kwestionariusze dla respondentów. Otrzymano jednak tylko 173 z rozesłanych kwestionariuszy, a szesnaście z nich wyłączono z analizy z powodu ich niekompletności. Odsetek odpowiedzi wyniósł zatem 36%.

Zaobserwowano, że wyniki badania mają pewne istotne konsekwencje dla dyrektorów szkół i nauczycieli. Stwierdzono, że zaangażowanie organizacyjne pozytywnie korelowało z satysfakcją z pracy. Autorzy ujawnili również, że różnice wieku uczestniczących w badaniu nauczycieli mają umiarkowany wpływ na relacje, które istnieją między poziomem satysfakcji z pracy a poziomem zaangażowania organizacyjnego. Stwierdzono jednak, że relacje te są nieliniowe. W pracy wykazano, że istnieje potrzeba dalszych badań nad rolą wieku w poziomie zaangażowania pracowników. Ustalenia te podkreśliły potrzebę uwzględnienia różnic w wieku nauczycieli. Co więcej, badanie wykazało, że władze szkolne muszą opracować strategie radzenia sobie z potrzebami tych nauczycieli, którzy doświadczają mniejszej satysfakcji z pracy i zaangażowania.

W Malezji Jais i Mohamad (2013) zbadali rolę postrzeganego wsparcia organizacyjnego w rozwijaniu zaangażowania nauczycieli. Posługując się teorią organizacji, w badaniu stwierdzono, że wsparcie organizacyjne postrzegane przez nauczycieli wpływa na ich zaangażowanie w organizację i zawód. W badaniu wykorzystano kwestionariusze jako narzędzie gromadzenia danych i rozprowadzono je w dziewięciu szkołach podstawowych w Malezji. Grupą docelową byli nauczyciele szkół podstawowych z obszarów Kuala-Lumpur, Pahang i Selangor. W badaniu uzyskano 74% odpowiedzi i 221 kwestionariuszy użytecznych. Analiza danych obejmowała test korelacji i regresji. Zgodnie z hipotezami, wyniki wykazały, że postrzegane wsparcie organizacyjne było pozytywnie związane z zaangażowaniem nauczycieli (afektywne, kontynuacyjne, normatywne). Wyniki badania skłaniają do zwrócenia większej uwagi na kwestie, obawy i potrzeby nauczycieli w zakresie tworzenia lepszej polityki i wsparcia w celu zwiększenia zaangażowania.

W prowincji Limpopo w Republice Południowej Afryki, Chinomona i Sandada (2014) zbadały wsparcie organizacyjne i jego wpływ na zaangażowanie pracowników. Chinomona i Sandada skoncentrowały się na wsparciu organizacyjnym, ponieważ dla nich znaczenie poziomu wsparcia organizacyjnego jest coraz częściej uznawane za antycypację wyników pracowników. Jednakże badania, których celem było zbadanie wpływu wsparcia organizacyjnego na zadowolenie z pracy nauczycieli, a w konsekwencji na ich wyniki w miejscu pracy na poziomie szkoły średniej, pozostały w dużej mierze ograniczone, szczególnie w krajach rozwijających się, takich jak kraje Afryki Południowej. Dlatego też podstawowym celem badań było wypełnienie tej luki w literaturze. Postawiono trzy hipotezy badawcze.

Do empirycznego sprawdzenia hipotez wykorzystano dane z próby 162 zebranej z Prowincji Limpopo w Republice Południowej Afryki. Stwierdzono, że wsparcie organizacyjne pozytywnie wpływa na zadowolenie z pracy nauczycieli i ich wyniki w pracy. Omówiono implikacje tych wyników dla menedżerów oraz wskazano ograniczenia i przyszłe kierunki badań. W badaniu stwierdzono, że kierownictwo organizacji powinno opracować strategie wsparcia dla nauczycieli. Podkreślono, że gdy nauczyciele postrzegają wsparcie ze strony organizacji, mają szansę cieszyć się pracą, a co za tym idzie, wytwarzać pracę wysokiej jakości. Co więcej, praktycy - na przykład kierownicy, którzy chcą poprawić wyniki pracy nauczycieli, powinni ukierunkować interwencje wsparcia organizacyjnego, które są uważane za motywujące dla nauczycieli.

2.5 ODPOWIEDZI NA WARSZTATY Z TRZECH LUB WIĘCEJ GRUP

Ta sekcja zawiera krytyczny przegląd powiązanych badań dotyczących wsparcia organizacyjnego, satysfakcji z pracy nauczyciela i jego zaangażowania. Przegląd ma formę podsumowania artykułów krytycznych i opinii na ich temat.

Warsztat Reakcja 1:

Postrzeganie wsparcia organizacyjnego i jego wpływ na zobowiązania nauczycieli: Studium przypadku Malezji zostało przeprowadzone przez Jaisa i Mohamada (2013) i opublikowane w International Journal of Education and Research, 1 (12)

ABSTRACT

W badaniu tym badano rolę postrzeganego wsparcia organizacyjnego w rozwijaniu zaangażowania nauczycieli. Wykorzystując teorię wsparcia organizacyjnego uznaliśmy, że wsparcie organizacyjne postrzegane przez nauczycieli wpływa na ich zaangażowanie w organizację i zawód. Ankiety zostały rozesłane do nauczycieli w dziewięciu szkołach podstawowych w Malezji, a mianowicie w Kuala Lumpur, Selangor i rejonie Pahang. Uzyskano w sumie 221 kwestionariuszy użytkowych, co stanowi około 74% stopy zwrotu. Analizy danych obejmowały korelację i test regresji. Zgodnie z naszymi hipotezami stwierdzono, że postrzegane wsparcie organizacyjne było pozytywnie kojarzone z zaangażowaniem nauczycieli (tj. afektywne, kontynuacyjne, normatywne). Wyniki tego badania skłaniają do zwrócenia większej uwagi na kwestie, obawy i potrzeby nauczycieli w zakresie tworzenia lepszej polityki i wsparcia.
Słowa kluczowe: nauczyciele; postrzegane wsparcie organizacyjne; zaangażowanie organizacyjne

WPROWADZENIE

W dążeniu do przekształcenia Malezji w kraj w pełni rozwinięty, rząd przeszedł od gospodarki opartej na pracy i produktach do gospodarki opartej na wiedzy (Mok, 2011b). Rząd poprzez swoją Wizję 2020 wprowadził wiele inicjatyw, takich jak zapewnienie łatwego dostępu do wysokiej jakości edukacji, wzmocnienie szkolnictwa wyższego na świecie, wspieranie badań i rozwoju oraz innowacji, a także stałe podnoszenie jakości nauczycieli i środowiska akademickiego (Jamil, Abd. Razak, Raju i Mohamed, 2013). Inicjatywy te są również zgodne z Narodowym Planem Strategicznym na rzecz Szkolnictwa Wyższego 2020, który zakłada realizację siedmiu celów, takich jak: zwiększenie dostępności i poprawa jakości; poprawa jakości nauczania i uczenia się; intensyfikacja badań i innowacji; wzmocnienie instytucji szkolnictwa wyższego; intensyfikacja internacjonalizacji; inkulturacja uczenia się przez całe życie; i wreszcie wzmocnienie systemu wykonawczego Ministerstwa Szkolnictwa Wyższego (MOHE) (Sirat, 2009).

Istnieją jednak znaczne luki, które należy zlikwidować, ponieważ Malezja jest coraz bardziej narażona na ryzyko pozostawania w tyle, w którym wyniki malezyjskich studentów, określone na podstawie międzynarodowych badań, spadają. W 2007 roku badanie Trends in International Mathematics and Science Study (TIMSS) wykazało, że około 20% malezyjskich uczniów nie osiągnęło minimalnych poziomów odniesienia dla matematyki i nauk ścisłych. Tendencja ta jest alarmująca, ponieważ wskaźnik niepowodzeń w 2003 r. wyniósł zaledwie 5% w naukach ścisłych i 7% w matematyce (Jednostka Planowania Gospodarczego, 2010).

W związku z tym rząd wdraża asymilowaną strukturę rozwoju kapitału ludzkiego i funduszu wieczystego w ramach kompleksowego rozwoju, począwszy od wczesnej edukacji, szkolnictwa podstawowego, wyższego, a skończywszy na życiu zawodowym (Jednostka Planowania Gospodarczego, 2010). Plan ramowy ma na celu pielęgnowanie i rozwój Malezyjczyków poprzez przywrócenie systemu edukacji (tj. podniesienie wyników uczniów, zwiększenie liczby utalentowanych Malezyjczyków w celu promowania zdolności do zatrudnienia, zreformowanie malezyjskiego rynku pracy w kierunku kraju o wysokich dochodach) (Jednostka Planowania Gospodarczego, 2010 r.). Ponadto siła robocza pozostaje stosunkowo niewykwalifikowana - 77 % z nich posiada jedynie do 11 lat podstawowego

wykształcenia na poziomie Malezyjskiego Świadectwa Wykształcenia (SPM) lub równoważnego, a jedynie 28 % miejsc pracy w Malezyjskiem znajduje się na wyższym poziomie kwalifikacji.
Dlatego też rząd Malezji podkreślił znaczenie wysokiej jakości nauczycieli w kształceniu i generowaniu wykwalifikowanej siły roboczej. Darling-Hammond (1997) dodaje, że nauczyciele wysokiej jakości mają wpływ na osiągnięcia i wyniki uczniów (Economic Planning Unit, 2010). Zgodnie z tym celem, Ministerstwo Edukacji staje się ważnym graczem w zapewnianiu rozwoju zawodowego nauczycieli szkolnych (Jamil i in., 2013). Zgodnie z celem, Ministerstwo Edukacji staje się ważnym graczem w zapewnianiu rozwoju zawodowego nauczycieli szkolnych (Jamil i in., 2013). Postęp ten wpłynął na jakość pracy nowych i obecnych nauczycieli w systemie edukacji (Dział Planowania Gospodarczego, 2010), gdzie przeznaczono ogromne środki na edukację i szkolenia. Budżet na kształcenie i szkolenie wynosi 21% z całkowitego budżetu krajowego (Razak, 2013).

W podobnym duchu system edukacyjny na całym świecie ulega szybkim zmianom i reformom (Furlong, Barton, Miles, Whiting i Whitty, 2000), wpływając na rozwój zawodowy nauczycieli (Little, 1990). Ponieważ nauczyciele są najważniejszymi podmiotami reform i znajdują się pod presją wykonawczą (Jamil i in., 2013), bardzo ważne jest, aby utrzymać motywację, pewność siebie i skuteczność nauczycieli (Miller, Kahler i Rheault, 1989). Wysokiej jakości nauczyciele są zdolni do produkowania wysokiej jakości uczniów (Darling-Hammond, 1999), zmotywowanych i efektywnych (Guskey i Passaro, 1994). Nauczyciele są również postrzegani jako katalizator poprawy uczenia się uczniów (Darling-Hammond, 1995).
Jednakże nauczanie jest uważane za jedną z najbardziej wymagających prac (Borg, Riding i Falzon, 1991). Nauczyciele stale stają przed coraz większymi wyzwaniami, takimi jak gorączkowe środowisko pracy, radzenie sobie z problemami uczniów, duże obciążenie pracą, niewrażliwi administratorzy, oczekiwania rodziców (Mohd. Ishak, Iskandar i Ramli, 2010), upodmiotowienie zawodowe, motywacja uczniów, problemy z dyscypliną oraz brak uznania i wsparcia ze strony administracji (Darling-Hammond, 1997). Takie środowiska mogą stwarzać psychologiczny niepokój, irytację i demoralizację wśród nauczycieli (Noriah, Ramlee, Zuria i Siti Rahayah, 2006). Badania pokazują, że środowisko pracy było czynnikiem

determinującym utrzymanie zawodu nauczyciela lub nie (Darling-Hammond, 1997).

Co ciekawe, profesjonalizacja nauczycieli w Malezji jest postrzegana na niskim poziomie (Noordin, Mohd Rashid, Ghani, Aripin i Darus, 2010). Badania empiryczne ujawniły również, że malezyjscy nauczyciele doświadczają emocjonalnych oporów w związku z wymaganiami pracy i zjawisko to utrzymuje się przez co najmniej dwie dekady (Mohd. Ishak, 1994; Idris, 2003). Dlatego potrzebne są większe wysiłki i wsparcie organizacyjne. Prowadzone są jednak ograniczone badania mające na celu zbadanie roli postrzeganego wsparcia organizacyjnego (POS) w poprawie poziomu afektywnego zaangażowania nauczycieli (Lew, 2009). Badania pokazują, że nauczyciele o niskim zaangażowaniu zawodowym zmniejszyli swoją skuteczność (Knobloch i Whittington, 2003).

Ruhland (2001) wskazał, że nauczyciele zachowają w swoim zawodzie konstruktywne doświadczenie w nauczaniu, wewnętrzną satysfakcję, wsparcie menedżerskie, wystarczająco dużo czasu na wykonywanie swojej pracy oraz ochronę pracy. Niemniej jednak, według doniesień, zaangażowanie nauczycieli stopniowo maleje w trakcie ich kariery nauczycielskiej (Fraser, Draper i Taylor, 1998, s. 80). Zaangażowanie nauczycieli w nauczanie ma kluczowe znaczenie dla określenia, jak długo pozostają oni w zawodzie (McCracken i Etuk, 1986). Ponieważ wsparcie służy jako antecedent w określaniu zaangażowania wśród nauczycieli, niniejsze badanie próbuje wypełnić lukę i poprawić poziom profesjonalizacji nauczycieli w Malezji. Zgodnie z teorią wsparcia organizacyjnego, kiedy organizacja zwraca uwagę na wzajemne wartości i dobro pracowników, odczuwają oni wysoki poziom POS (Rhoades i Eisenberger, 2002a). Ogólnie rzecz biorąc, badanie to ma na celu dostarczenie kompleksowego obrazu i zrozumienia związku pomiędzy POS a zaangażowaniem nauczycieli.

PRZEGLĄD LITERATURY

POSTRZEGANE WSPARCIE ORGANIZACYJNE

Eisenberger, Huntington, Hutchison i Sowa (1986b, s. 9) wprowadziły pojęcie wsparcia organizacyjnego dla pracowników, proponując konstrukcje postrzegania wsparcia organizacyjnego (POS). POS to miara ogólnych przekonań pracowników o tym, w jakim stopniu organizacja ceni sobie ich członkostwo, zaangażowanie i troskę o dobro pracowników (Eisenberger i in., 1986b). Koncepcja POS wywodzi się z teorii wsparcia organizacyjnego i licznych badań nad przyczynami i skutkami postrzegania wsparcia przez pracowników (Erdogan i Enders, 2007).

Według teorii wsparcia organizacyjnego, POS związany z tendencją pracowników do antropomorfizacji organizacji (Edwards, 2009). Pod tym względem POS są wzmocnione, gdy pracownicy uważają, że wszelkie inwestycje i uznanie ich wkładu są dobrowolne, a nie wynikają z zewnętrznych kontroli, takich jak przepisy rządowe lub naciski związków (Rhoades i Eisenberger, 2002b). Wysoki poziom punktów sprzedaży występuje wtedy, gdy potrzeby pracowników w zakresie szacunku, akceptacji i tożsamości społecznej są zaspokajane, co wzmacnia oczekiwanie, że wyniki i przewidywane zachowania zostaną uznane i nagrodzone (Aselage i Eisenberger, 2003). Takie wsparcie zwiększa zaangażowanie pracowników w działalność organizacji (Coyle-Shapiro i Conway, 2005). W ten sposób zaangażowanie organizacyjne pracowników przyczynia się do promowania POS (Allen, Shore i Griffeth, 2003).

Teoretyczne i empiryczne prace dotyczące POS można prześledzić w pracy Blaua (1964), który zaproponował teorię wymiany społecznej obejmującej zaufanie i zdobycie wiarygodności jako istotnych składników. W relacjach wymiany społecznej normy wzajemności (Gouldner, 1960) dyktują, że postrzeganie wsparcia ze strony organizacji stwarza obowiązek odpłacenia się tej organizacji za jej zaangażowanie i opiekę (Allen i in., 2003). Kiedy relacje są zgodne z normami wzajemności i kiedy wzorce wymiany są postrzegane jako sprawiedliwe, jednostki mają większe szanse, by uwierzyć, że nie zostaną wykorzystane (Blau, 1964). Zaangażowane strony rozumieją, że przysługi uzyskiwane obecnie stwarzają oczekiwania co do spłaty w przyszłości (Gouldner, 1960). Dla przykładu, troskliwe działania partnera generują poczucie wdzięczności ze strony drugiego partnera, które może ukierunkować się na korzystne postawy i zachowania skupione wokół troskliwego partnera (Colquitt, Scott i LePine, 2007).

Teoria wymiany społecznej mówi, że organizacje są centralnym punktem społecznych i wzajemnych długoterminowych transakcji pomiędzy pracownikami i pracodawcą (Panaccio i Vandenberghe, 2009). Zasadniczo, teoria wymiany społecznej w środowisku pracy proponowała, aby pracownicy byli przygotowani do wymiany swoich wysiłków i czasu na różne nagrody oferowane przez organizację (Cropanzano i Mitchell, 2005). POS mogą być wykorzystywane przez pracowników jako wskaźnik życzliwości lub złośliwości organizacji w wyrażaniu wymiany wysiłków pracowników na rzecz nagrody i uznania (Lynch, Eisenberger i Armeli, 1999, s. 469-470). Jak zauważono wcześniej, stosunki wymiany społecznej są zależne od zaufania jednej ze stron w odniesieniu do zobowiązań drugiej strony w stosunkowo długim okresie (Konovsky, 2000). Składki każdej ze stron stopniowo wzrastają, gdy stosunki są wyraźnie i wzajemnie satysfakcjonujące w czasie (Konovsky, 2000).

Kiedy organizacje stosują praktyki, które odzwierciedlają inwestycje i wsparcie pracowników, istnieje domniemanie, że organizacja dąży do utrzymania relacji wymiany społecznej ze swoimi pracownikami (Allen i in., 2003). Riggleet. al (2009) stwierdził, że inwestycje poczynione przez organizacje w programy POS skutkują silnymi powiązaniami pomiędzy POS a ważnymi rezultatami w zakresie postawy i zachowań pracowników. Wiele dowodów wskazuje na to, że pracownicy o wysokim poziomie punktów sprzedaży mają najbardziej korzystne doświadczenia zawodowe (Rhoades i Eisenberger, 2002b; Eder i Eisenberger, 2008).

Podsumowując, POS ma silny, pozytywny wpływ na zaangażowanie organizacyjne (Riggle i in., 2009); satysfakcję z pracy (Armstrong-Stassen i Ursel, 2009) oraz chęć pozostania w organizacji (Allen i in., 2003). Ponadto POS zwiększa wydajność pracy, sprzyja pozytywnym nastrojom i zmniejsza poziom stresu (Rhoades i Eisenberger, 2002b). Działa również jako ważne źródło szacunku, przywiązania, wsparcia emocjonalnego i akceptacji w miejscu pracy (Rhoades, Eisenberger i Armeli, 2001a).

ZAANGAŻOWANIE ORGANIZACYJNE

Zaangażowanie w miejscu pracy stało się punktem odniesienia dla sukcesu organizacyjnego (Rosenholtz i Simpson, 1990). Meyer J i Allen (1997a) definiują zaangażowanie jako emocjonalne przywiązanie do organizacji, cele i wartości, które skutkują chęcią podjęcia optymalnego wysiłku w celu osiągnięcia celów organizacyjnych lub inwestycji cenionych przez pracownika w przypadku odejścia z organizacji (Becker, 1960). Zaangażowanie organizacyjne odnosi się do psychologicznego przywiązania pracowników do organizacji, które zmniejsza chęć dobrowolnej rotacji (Allen i Meyer, 1996) i jest powszechnie uznawane za wielowymiarowe podejście do pracy (Morrow, 1993). Zaangażowanie organizacyjne jest konceptualizowane i mierzone na różne sposoby, składa się z trzech wymiarów; silnej chęci pozostania w danej organizacji, pracy w imieniu organizacji i wiary w wartości organizacji, aby osiągnąć cel organizacyjny (Becker, Randall i Riegel, 1995).

Zasadniczo, zaangażowanie organizacyjne jest również podzielone na podejście behawioralne (Allen i Meyer, 1990) i podejście postawowe (Mathieu i Zajac, 1990), gdzie pierwsze definiuje zaangażowanie jako podejście w kategoriach natury i jakości w związku z powiązaniami między pracownikiem a organizacją; zdecydowane przekonanie i uznanie celów i wartości organizacji, gotowość do podjęcia znacznego wysiłku w imieniu organizacji i wyznacznik do zrównoważonego rozwoju z organizacją (Mathieu i Zajac, 1990). Późniejsze podejście dotyczy procesu, w którym jednostki rozwijają przywiązanie nie do organizacji, ale do własnych działań (Oliver, 1990).

Zaangażowani pracownicy pracowaliby skrupulatnie, sumiennie, zapewnialiby wartość, promowali usługi lub produkty organizacji i dążyli do ciągłego doskonalenia (Madingan, Norton i Fiesta, 1999). W zamian za to pracownicy oczekują lepszego środowiska pracy, które sprzyja rozwojowi i wzmocnieniu pozycji, lepszej równowadze między życiem zawodowym a prywatnym, zapewnia zasoby spełniające oczekiwania klientów oraz odpowiednie możliwości kształcenia i szkolenia. Meyer i Allen (1991) opracowali trójwymiarowy model, który obejmuje zaangażowanie afektywne, normatywne i ciągłe. Allen i Meyer (1990, str. 3) stwierdzili, że "pracownicy z silnym zaangażowaniem afektywnym pozostają, ponieważ chcą, ci z silnym zaangażowaniem ciągłym pozostają, ponieważ muszą, a ci z silnym zaangażowaniem normatywnym, ponieważ uważają, że powinni to zrobić". Meyer i Herscovitch (2001) sugerują, że siła wiążąca zaangażowania jest doświadczana jako podejście lub uczucie psychologiczne, które napędza jedno działanie.

Skuteczne zaangażowanie

Skuteczne zaangażowanie to pozytywne interakcje, które wiążą jednostkę z organizacją ze względu na podobne wartości, które podzielają (Shore and Tetrick, 1991). Allen i Meyer (1990, str. 2) definiują afektywne zaangażowanie jako "afektywne lub emocjonalne przywiązanie do organizacji takie, że silnie zaangażowana osoba identyfikuje się z organizacją, jest w nią zaangażowana i cieszy się z członkostwa w niej" lub "emocjonalne przywiązanie pracownika do organizacji, identyfikacja z nią i zaangażowanie w nią" (Meyer i Allen, 1997a, str. 11). Jest on również definiowany jako poczucie przynależności i identyfikacji, które ukierunkowują pracownika na osiągnięcie celu organizacji (Meyer i Allen, 1991). W rezultacie zmniejszy to rotację i absencję (Mcshane i Von Glinow, 2000), zwiększy motywację i obywatelstwo (Bolon, 1997).

Kontynuacja Zobowiązanie

Zobowiązanie do kontynuowania pracy dotyczyło chęci kontynuowania pracy z obawy przed utratą nagród za znaczenie (Allen i Meyer, 1990), "świadomości kosztów związanych z opuszczeniem organizacji" (Meyer i Allen, 1997a, s. 11)lub "tendencji do angażowania się w spójne linie działania" (Becker, 1960, s. 33). Definiuje się ją również jako doświadczenie i wkład w organizację (Joolideh i Yeshodhara, 2009), związane z kosztami rotacji ponoszonymi przez pracownika, np. emeryturą i innymi (Farrel i Rusbult, 1981).

Zobowiązanie normatywne

Zobowiązanie normatywne to presja lub obowiązek pracownika do kontynuowania pracy (Jaros, Jermier, Koehler i Sincich, 1993) lub "poczucie obowiązku kontynuowania pracy" (Meyer i Allen, 1997a, str. 11) w skrócie jest to zobowiązanie do pozostania w organizacji (Allen i Meyer, 1990).

W przypadku nauczycieli zaangażowanie można podzielić na trzy wymiary. Po pierwsze, zaangażowanie organizacyjne" jako wiara i akceptacja celów i wartości organizacyjnych, gotowość do wysiłku na rzecz celu organizacyjnego i chęć pozostania w organizacji (Mowday, Porter, and Steers, 1982). Po drugie, zaangażowanie w zawód nauczyciela, gdy ktoś ma pozytywne, emocjonalne przywiązanie do swojej pracy (Coladarci, 1992). Po trzecie, "zaangażowanie w uczenie się uczniów" podkreśla zaangażowanie nauczyciela w uczenie się uczniów niezależnie od innych kwestii, które mogą być z tym związane (Sii Ling MeeLing i Ibrahim, 2013).

D.W. Chapman (1983) określa zaangażowanie nauczycieli jako poziom emocjonalnego przywiązania nauczycieli do swojego zawodu, ukształtowanego zanim stali się oni nauczycielami i wpływającego na ich zadowolenie z pracy (Culver, Wolfe i Cross, 1990). Zaangażowani nauczyciele byli zmotywowani, zadowoleni z wybranej kariery zawodowej i pozostali w zawodzie (Raju i Srivastava, 1994). Następnie, istnieje wiele czynników wpływających na zaangażowanie nauczycieli, takich jak wsparcie organizacyjne, osobowość, rodzina, alternatywne możliwości (Fresko, Kfir i Nasser, 1997) oraz doświadczenia w nauczaniu (Ruhland, 2001).

ZWIĄZEK MIĘDZY POSTRZEGANYM WSPARCIEM ORGANIZACYJNYM A ZAANGAŻOWANIEM ORGANIZACYJNYM

Badania (Tansky i Cohen, 2001; Onyinyi, 2003; Zampetakis, Beldekos i Moustakis, 2009) pokazują, że POS ma pozytywny związek z zaangażowaniem organizacyjnym. Wielu autorów (Cropanzano i Folger, 1991; Rivai, 2005; Samad, 2006) zgodziło się, że zaangażowanie organizacyjne działa jako związek między jednostką a organizacją. Pracownik, który otrzymał wystarczającą ilość punktów sprzedaży, będzie czuł, że jest częścią zespołu organizacyjnego, pomagając w osiągnięciu celu organizacyjnego i wsparciu (Eisenberger, Cummings, Armeli i Lynch, 1997).

W podobnym duchu, Meyer i Smith (2000) zidentyfikowali POS jako czynnik pośredniczący w relacji pomiędzy praktykami HRM a zaangażowaniem organizacyjnym. POS są związane z frekwencją pracowników i wydajnością pracy (Eisenberger, Fasolo i Davis-LaMastro, 1990), asystowaniem współpracownikom (Shore i Wayne, 1993) oraz postępem organizacji. Zwiększa również produktywność, wydajność i emocjonalne zaangażowanie w organizację (Lamastro, 2000) oraz zachowanie obywatelskie organizacji (Organ, 1988).

Autorzy (Shore i Wayne, 1993; Eisenberger, Armeli, Rexwinkel, Lynch i Rhoades, 2001; Rhoades, Eisenberger i Armeli, 2001b) stwierdzili, że POS był pozytywnie związany z afektywnym zaangażowaniem. (Currie i Dollery, 2006 r.) stwierdziły, że POS było istotne dla przewidywania zobowiązań afektywnych i normatywnych, ale nie dla zobowiązania kontynuacji. Ogólnie rzecz biorąc, wysoki poziom POS był związany z wyższym zaangażowaniem. Ogólnie rzecz biorąc, zaangażowanie skuteczne i normatywne zmniejszało się wraz ze wzrostem zaangażowania w kontynuację. Stwierdzono, że zaangażowanie w ciągłość było pozytywnie kojarzone z latami pracy (Meyer, Allen i Smith, 1993).

Badanie na temat nauczycieli przeprowadzone przez Lamasery'ego (2000) wykazało, że nauczyciele nie rozróżniają zawodu i organizacji, jeśli chodzi o zaangażowanie. Innymi słowy, zobowiązania organizacyjne i zawodowe są dopasowane i identyczne. Badanie Lamastro (2000) wykazało, że POS mają silną pozytywną korelację z zaangażowaniem afektywnym, ale negatywną z zaangażowaniem ciągłym. Natomiast Noordin, Mohd Rashid, Ghani, Aripin i Darus(2010) ujawnili, że POS mają pozytywne relacje z zaangażowaniem afektywnym, ciągłym i normatywnym z zaangażowaniem afektywnym najwyższą ocenę, a następnie ciągłym i normatywnym. W oparciu o wcześniejszą dyskusję zaproponowano następujące hipotezy;
H1: Istnieje związek pomiędzy POS i zaangażowaniem organizacyjnym.
H1a: Istnieje związek pomiędzy POS i afektywnym zaangażowaniem.
H1b: Istnieje związek pomiędzy POS i zobowiązaniem kontynuacji.
H1c: Istnieje związek między POS a zobowiązaniem normatywnym.

METODOLOGIA

Próbka i procedury

Dane zostały zebrane za pomocą kwestionariusza, który składał się z pytań dotyczących POS i zaangażowania organizacyjnego. Rozdano 300 kwestionariuszy wśród nauczycieli w dziewięciu szkołach podstawowych w Malezji, a mianowicie w Kuala Lumpur, Selangor i rejonie Pahang. W sumie zwrócono 221 kwestionariuszy, które zawierały odpowiedzi na wszystkie istotne pytania, co daje wskaźnik odpowiedzi użytecznych na poziomie 74 %. Dane demograficzne uczestników wskazują, że typowy uczestnik jest w wieku od 31 do 40 lat (50,5 %), kobieta (66,4 %) i żonaty (79,5 %). Większość uczestników to absolwenci (63,6%) i ma 10-19 lat doświadczenia w nauczaniu (32,3%).

Instrumenty

Wszystkie konstrukcje są mierzone na 5-stopniowej skali Likerta, od Mocno Nie zgadzam się do Mocno Zgadzam się.Postrzegane wsparcie organizacyjne. W badaniach tych wykorzystano skalę Eisenberger et al. (1986b) Perceived Organisational Support (POS). W badaniu tym wybrano osiem pozycji (np. 1. organizacja docenia mój wkład w jej dobrobyt), aby ocenić POS (Eisenberger, Huntington, Hutchison i Sowa, 1986a) i wykazać akceptowalny poziom wiarygodności z $\alpha = .93$ (Vandenberghe i in., 2007) oraz $\alpha = .91$ (Chen, Eisenberger, Johnson, Sucharski i Aselage, 2009).

Zaangażowanie organizacyjne

Zaangażowanie organizacyjne zostało ocenione przy użyciu 18-stopniowej, poprawionej skali zaangażowania opracowanej przez Meyera i Allena (1997b). Pozycje te zostały jednak dostosowane, aby określić, że organizacja odnosiła się do szkoły (tj. "Nie czuję się w tej szkole częścią mojej rodziny").

Ważność i niezawodność

W niniejszym opracowaniu instrumenty pochodzą z literatury, a wszystkie skale mają wartości alfa Cronbacha większe niż $\alpha=0,7$ (George i Mallery, 2003), co jest miarą wiarygodności dolnej granicy. Test na niezawodność jest opisany w części Wyniki.

Procedury statystyczne

Analiza danych przebiegała w trzech głównych etapach (badanie przesiewowe danych, test korelacji i regresji).

WYNIK

Test wiarygodności przeprowadzono przed testem korelacji i regresji. Współczynniki alfa Cronbacha dla POS i zaangażowania organizacyjnego wynoszą odpowiednio 0,864 i 0,859. Ponieważ są one wyższe niż 0,70, można stwierdzić, że instrumenty te są wiarygodne (Nunnally, 1978; Hair, Black, Babin, Anderson i Tatham, 2006).Następnie zbadano korelację pomiędzy POS a różnymi formami zaangażowania. Zgodnie z wcześniejszą literaturą, POS wykazał silną pozytywną korelację z afektywnym zaangażowaniem ($r = .562$, $p =.01$). W związku z tym H1a jest w pełni poparte. Podobnie zauważono istotną korelację pomiędzy POS a zobowiązaniem kontynuacji ($r = .452$, $p =.01$). W związku z tym H1b jest w pełni poparty. Wreszcie, stwierdzono pozytywną korelację między POS a zobowiązaniem normatywnym (r = .508, p =.01), co sugeruje, że H1c jest w pełni poparte. Przeprowadzono również analizę regresji w celu określenia wielkości POS związanych z zaangażowaniem organizacyjnym. Wynik wskazywał, że istnieje pozytywna zależność pomiędzy POS a zaangażowaniem afektywnym (R2 =.316, p<.0005).

Podobnie, ustalenie ujawnia znaczącą zależność pomiędzy POS a zobowiązaniem kontynuacji (R2 =.204, p<.0005). Jak pokazano w tabeli 1, wynik końcowy również wspiera silną zależność pomiędzy POS a zobowiązaniem normatywnym, wyjaśniając 25,9% wariancji w zobowiązaniu normatywnym z R kwadrat =.259 (p<.0005).

DYSKUSJA

W niniejszym opracowaniu zbadano związek pomiędzy POS a zaangażowaniem organizacyjnym. Zgodnie z hipotezą, wyniki wykazały, że istnieje istotna zależność pomiędzy POS a trzema konstrukcjami zaangażowania organizacyjnego (tj. zaangażowaniem afektywnym, zaangażowaniem ciągłym i zaangażowaniem normatywnym). Wyniki te sugerują, że zaangażowanie nauczycieli może być zwiększone poprzez podniesienie jakości otrzymywanego wsparcia. Kiedy nauczyciele postrzegają swoją szkołę jako dbającą o ich dobre samopoczucie i udzielającą silnego wsparcia, zgłaszają większe przywiązanie emocjonalne do szkoły i swojego zawodu (Ruhland, 2001).

Niniejsze ustalenia potwierdzają również spostrzeżenia (Shore i Wayne, 1993; Eisenberger i in., 2001; Rhoades i in., 2001b; Currie i Dollery, 2006), że POS ma pozytywny wpływ na zobowiązania afektywne. Badacze (Becker, 1960; Mowday i in., 1982; Meyer i Allen, 1991) zauważają, że POS pomagają wspierać emocjonalne przywiązanie pracowników do ich organizacji i zawodu. Zgodnie z teorią wymiany społecznej (Blau, 1964), zajmowanie się potrzebami i obawami pracowników związanymi z bardziej pozytywnym postrzeganiem organizacji. Zaangażowanie afektywne jest wprawdzie trudne do kultywowania, ale jest silnie związane z wynikami, które organizacje cenią i tym samym przyczyniają się do skuteczności organizacji (Meyer i Herscovitch, 2001), a zaangażowany nauczyciel zawsze będzie szukał lepszych sposobów na realizację swojej roli (Glassman, 2010).

Co ciekawe, obecne wyniki pokazują, że POS pozytywnie koreluje z ciągłym zaangażowaniem. Wynik ten jest niezgodny z wcześniejszymi badaniami (Shore i Wayne, 1993; Lamastro, 2000), które podkreślają negatywną zależność pomiędzy POS a zobowiązaniem kontynuacji. Wielu badaczy (Lamastro, 2000) sugeruje, że osoby z silnymi poziomami POS były mniej skłonne czuć, że "musiały" pozostać w organizacji lub w zawodzie nauczyciela ze względu na ograniczone atrakcyjne opcje lub postrzegane koszty związane z opuszczeniem organizacji. Podobnie pracownicy, którzy uzyskują dostęp do wsparcia i zasobów, najprawdopodobniej rozwiną i będą mieli pozytywne nastawienie do polityki rozwoju pracowników swojej organizacji (Kraimer, Seibert, Wayne, Liden i Bravo, 2011).

Obecne ustalenia potwierdzają pogląd (Meyer, Stanley, Herscovitch i Topolnytsky, 2002), że badania prowadzone w Ameryce Północnej i poza nią mogą przynieść inne wyniki ze względu na różnice kulturowe. Na sposób interpretacji otoczenia społecznego silny wpływ ma tło kulturowe odbiorcy (Den Hartog, House, Hanges, Ruiz-Quintanilla i Dorfman, 1999). W podobnym badaniu Noordin et al. (2010) POS pozytywnie koreluje z ciągłym zaangażowaniem. Noordin et al. (2010) stwierdzili, że zaangażowanie w kontynuację powinno być brane pod uwagę przez kierownictwo szkoły, ponieważ jest ono również związane z nauczycielami.

Wreszcie, hipotetyczny wynik potwierdza, że POS jest ważnym wyznacznikiem normatywnego zaangażowania, wspierając Hipotezę 1c. Nauczyciele są moralnie zobowiązani do pozostania w szkole i zawodzie nauczyciela, gdy wsparcie organizacyjne jest doświadczane w obecnej postaci. Wsparcie organizacyjne jest sygnałem, że wkład i doświadczenia nauczycieli są doceniane i nagradzane. Zgodnie z teorią wymiany społecznej wsparcie organizacyjne ma wpływ na określenie wartości i znaczenia relacji wymiany między pracownikami a pracodawcami, wysyłanie pracownikom jasnych komunikatów o oczekiwanych postawach i zachowaniach (Rousseau i Ho, 2000). Jednak wymiana społeczna ma miejsce tylko wtedy, gdy zachowania społeczne są motywowane oczekiwanymi zwrotami lub reakcjami innych stron (Panaccio i Vandenberghe, 2009). Obecne ustalenia potwierdzają, że nauczyciele wymagają wysokiego poziomu wsparcia organizacyjnego, aby zrekompensować lojalność wobec szkoły i zawodu nauczyciela.

OGRANICZENIA

Ustalenia należy umieszczać w kontekście dwóch głównych ograniczeń: ograniczenia w projektowaniu przekroju poprzecznego i ograniczonego uogólnienia ustaleń. Po pierwsze, obecne ustalenia opierają się na danych przekrojowych pochodzących z własnych sprawozdań. Dane przekrojowe nie pozwalają na wyciąganie rozstrzygających wniosków dotyczących związków przyczynowych między badanymi zmiennymi, przy wykorzystaniu jednorazowego pomiaru zmiennych. W związku z tym należy zachować ostrożność w interpretacji wyników. Konieczne są długofalowe wysiłki badawcze, aby wyjść poza metody korelacyjne i zmniejszyć prawdopodobieństwo dostępności poznawczej odpowiedzi. Ten rodzaj metodologii może dostarczyć silnych wniosków na temat procesów przyczynowych i głębokości. Po drugie, w niniejszym badaniu uczestniczyli malezyjscy nauczyciele w 9 malezyjskich szkołach. Malezyjscy nauczyciele mogą być zupełnie inni niż ci zagraniczni. Co więcej, nie jest jasne, czy istnieją różnice w zakresie kultury organizacyjnej, zróżnicowania personelu, a polityka edukacyjna to inne ważne czynniki, które należy wziąć pod uwagę. Możliwe jest zatem, że doświadczenia malezyjskich nauczycieli różnią się od tych mieszkających w innych krajach. W związku z tym uogólnienie wyników badań na inne populacje może być ograniczone.

Przyszłe badania

Konieczne są dalsze badania w celu poszerzenia naszego rozumienia problemu badawczego. Na podstawie przedstawionych tu wyników można zbadać wiele możliwości. Pogłębiona analiza zaangażowania nauczycieli i ich wsparcia organizacyjnego dostarczyłaby cennych dodatkowych informacji. Wyniki niniejszego opracowania wyraźnie wskazują na istnienie związków pomiędzy POS a zaangażowaniem organizacyjnym. Wyniki nie dają jednak żadnego wglądu w unikalne odkrycie pozytywnej korelacji pomiędzy POS a zaangażowaniem kontynuacji. Co więcej, szczególny rodzaj wsparcia organizacyjnego, jakiego potrzebują nauczyciele, pozostaje nieuchwytny. Dlatego też przyszłe badania mogą badać poszczególne głosy poprzez zastosowanie podejścia jakościowego. Mówi się, że połączenie podejścia ilościowego i jakościowego w badaniach daje cenne spostrzeżenia i zwiększa zasadność badań (Rugg i Petre, 2007; Welter i Lasch, 2008).

Ogólnie rzecz biorąc, badanie to jest zgodne z teorią wsparcia organizacyjnego, zgodnie z którą wsparcie organizacyjne zwiększa zaangażowanie pracowników w działalność organizacji (Coyle-Shapiro i Conway, 2005). Dlatego ważne jest zapewnienie wsparcia, ponieważ jest ono krytycznym czynnikiem w utrzymaniu pracowników (McNee, Morello, Zidar i Smith, 1998; Döckel, 2003). Rzeczywiście, potrzebne są ulepszenia w profesjonalizacji nauczania, aby zwiększyć zaangażowanie nauczycieli i zmniejszyć wskaźnik rotacji. Noordin et al. (2010) dodaje, że nauczyciel musi otrzymywać zwrot opłat za kształcenie ustawiczne, z uwzględnieniem uprawnień decyzyjnych, i płacić je na poziomie proporcjonalnym do jego wykształcenia i wartości dla całego społeczeństwa. Ponieważ w Malezji edukacja zawsze miała najwyższy priorytet, nauczyciele są siłą napędową zwiększania potencjału wiedzy i innowacji. Wyniki tego badania mogą pomóc nauczycielom w Malezji w większym zaangażowaniu na rzecz swoich uczniów i szkoły. Wyniki tych badań, miejmy nadzieję, posłużą jako źródło informacji dla przyszłych badań w tej dziedzinie. Dodaje ono również do istniejącej literatury na temat POS i zaangażowania organizacyjnego, wzbogacając literaturę z zakresu zarządzania zasobami ludzkimi. Istotnie, nauczyciele są katalizatorem rozwoju społeczeństwa opartego na wiedzy. Jako czynnik zmian, zaangażowanie nauczycieli wymaga poważnej uwagi. Należy zająć się ich problemami, obawami i potrzebami. Dlatego też decydenci polityczni i administracja oświatowa muszą pracować ramię w ramię, aby stworzyć politykę i wsparcie organizacyjne, które najlepiej służą interesom malezyjskich nauczycieli. Taka polityka i wsparcie mogą stanowić bodziec do zwiększenia zaangażowania malezyjskich nauczycieli, wspierając w ten sposób cele narodowe na rzecz doskonałości, chwały i wyróżnienia.

Przegląd

- W badaniu tym badano rolę postrzeganego wsparcia organizacyjnego w rozwijaniu zaangażowania nauczycieli.
- Wykorzystując teorię wsparcia organizacyjnego, autorzy uzasadnili, że wsparcie organizacyjne postrzegane przez nauczycieli wpływa na ich zaangażowanie w organizację i zawód.
- Dane wykorzystane do badania zostały zebrane przy użyciu kwestionariusza. Kwestionariusze te zostały rozesłane do nauczycieli w szkole podstawowej z centrum Izraela.
- Próba liczyła 300 osób z udziałem nauczycieli.

- W badaniu wykorzystano regresję wielokrotną i korelacje Pearsona jako główne techniki analizy danych.

Krytyka artykułu

- Autorzy pokazali jednak, jak wsparcie organizacyjne przyczynia się do zaangażowania, badanie zawęża koncepcję wsparcia organizacyjnego.
- Dodatkowo, badanie różnych aspektów wsparcia organizacyjnego mogło zidentyfikować czynniki wsparcia organizacyjnego, które w istotny sposób wymagają natychmiastowej uwagi, co zostało pominięte w badaniu.
- Chociaż uważa się, że wsparcie organizacyjne ma bezpośredni związek z zaangażowaniem, niektóre czynniki, takie jak zadowolenie z pracy, mogą złagodzić tę relację; nie zostało to uwzględnione w badaniu.
- Ze względu na różnice społeczno-kulturowe pomiędzy ludźmi, bardzo trudno jest uogólniać ustalenia oparte na percepcji.

Opinie

- Autorzy mogliby rozszerzyć zakres swoich studiów o satysfakcję z pracy i wsparcie organiczne jako antycypowanie zaangażowania nauczycieli.
- Autorzy mogli również podzielić koncepcję postrzeganego wsparcia organizacyjnego na poszczególne konstrukcje i ocenić ich wpływ na zaangażowanie. Mogło to dostarczyć dowodów na to, które z tych elementów są krytyczne dla decyzji zarządczych.
- Nawet przy najwyższym poziomie postrzeganego wsparcia organizacyjnego, nadal istnieje prawdopodobieństwo, że zaangażowanie nie zostanie zrealizowane, jeśli nie będą oni zadowoleni z pracy, dlatego oczekiwano, że badanie powinno było wprowadzić satysfakcję z pracy jako prekursora.
- Możliwe jest również, że czynniki kontekstualne, w tym różnice społeczno-kulturowe, wpływają na postrzeganie i postawę oraz mogą mieć wpływ na wynik badania, dlatego też mogły one przedstawić swoje wnioski z uwzględnieniem tych czynników.

Warsztat Reakcja 2

Związek pomiędzy zaangażowaniem w organizację postrzeganego wsparcia organizacyjnego, satysfakcją z pracy i obywatelstwem organizacyjnym nauczycieli został przeprowadzony przez Holsblat (2014) i opublikowany przez American Journal of Educational Research, 2(12), 1175-1181.

Streszczenie

W pracy badano związek między zachowaniami obywatelskimi nauczycieli (OCB) a ich postawami wobec pracy, w tym zaangażowaniem w organizację, zaangażowaniem afektywnym i zaangażowaniem na rzecz spójności wartości, postrzeganym wsparciem organizacyjnym i satysfakcją z pracy. Dane zostały zebrane za pomocą kwestionariusza, rozesłanego do próby 314 nauczycieli szkół podstawowych z centrum Izraela. Wyniki badania, uzyskane za pomocą korelacji Pearsona i regresji wielokrotnych, wskazują, że zachowanie obywatelskie organizacji jest wielowymiarową zmienną skierowaną do różnych stron w szkole - uczniów, nauczycieli i organizacji. Ponadto, wszystkie badane zmienne mają znaczącą dodatnią korelację z zachowaniem się nauczyciela. Zmienna o najbardziej znaczącej korelacji to zaangażowanie w organizację, które wynika ze zgodności wartości jednostki i organizacji. Wyniki niniejszego badania mają wartość teoretyczną i użytkową dla edukatorów i decydentów edukacyjnych.

Słowa kluczowe: OCB, zaangażowanie organizacyjne, postrzegane wsparcie organizacyjne, satysfakcja

Wprowadzenie

W duchu reform, które przechodzą przez świat zachodni w epoce postmodernistycznej, systemy edukacyjne muszą radzić sobie z daleko idącymi zmianami. W Izraelu, na przykład, system edukacyjny stara się zniwelować szerokie luki gospodarcze, społeczne i edukacyjne. Aby sprostać tym wyzwaniom, systemy szkolne potrzebują nauczycieli, którzy są gotowi zainwestować czas i wysiłek w szkołę, wykraczając poza formalne wymogi swoich ról, oraz wykazywać zachowanie, które jest znane jako organizacyjne zachowanie obywatelskie (OCB). W literaturze dotyczącej organizacji zachowanie to odnosi się do zachowań pozazawodowych, które wykraczają poza obowiązki pracownika i nie są formalnie uznawane przez system nagród organizacji, ale przyczyniają się do jej efektywności. Szkoła, podobnie jak inne organizacje, korzysta z wkładu nauczycieli, którzy wykazują się wysokim poziomem zachowań obywatelskich w organizacji. Na przykład, wykazano, że szkoły z wysokim wskaźnikiem nauczycieli OCB mają wyższy poziom osiągnięć uczniów i przyjemniejszy klimat w szkole.

W ciągu ostatnich trzech dekad OCB było przedmiotem intensywnych badań wśród pracowników z różnych dziedzin, ponieważ przyczyniło się do sukcesu organizacji. Jednak tylko w nielicznych badaniach badano OCB wśród nauczycieli, pomimo jego pozytywnego wpływu na efektywność szkół. Poprzednie badania wykazały, że postawy wpływają na wyniki OCB. Dlatego też zaleca się kontynuowanie badań nad tym zjawiskiem, aby ujawnić dodatkowe czynniki, które mają wpływ na OCB. Podstawowym celem niniejszego badania jest zbadanie koncepcji OCB w środowisku edukacyjnym w celu lepszego zrozumienia OCB. W szczególności, badanie to bada związek pomiędzy OCB a postawami nauczyciela, takimi jak zaangażowanie nauczyciela w pracę w szkole (zaangażowanie afektywne i zaangażowanie zgodne z wartościami), postrzegane wsparcie organizacyjne (POS) oraz satysfakcja z pracy. Szkoły mogą czerpać znaczne korzyści z lepszego zrozumienia tych zachowań i ich przyczyn, tak aby zachęcić nauczycieli do zachowań obywatelskich na wyższym poziomie organizacyjnym i zwiększyć efektywność szkoły.

2.1. OCB: Kontekst i definicje

Zjawisko zachowań obywatelstwa organizacyjnego zostało po raz pierwszy zdefiniowane w latach 80. i od tego czasu cieszy się dużym zainteresowaniem wśród różnych badaczy. Pojęcie to reprezentuje działania jednostki, które nie są ani oficjalnie częścią roli pracownika, ani formalnie nie są uznawane przez system wynagradzania organizacji, a mimo to promują efektywność organizacyjną. Badacze wyjaśniają, że organizacje odnoszące sukcesy potrzebują pracowników, którzy wykraczają poza swoje formalne obowiązki zawodowe i swobodnie poświęcają swój czas i energię, aby odnieść sukces w realizacji danego zadania. Taki altruizm nie jest wymagany na danym stanowisku, ale nie tylko przyczynia się do, ale wręcz ma kluczowe znaczenie dla sprawnego funkcjonowania organizacji i jej efektywności.

Wcześniejsze badania wykazały, że OCB znacząco przyczynia się do funkcjonowania i sukcesu szkoły. Takie zachowanie, które nie jest zdefiniowane w formalnych umowach o pracę nauczycieli, może być ukierunkowane na różne czynniki w szkole. OCB obejmuje, na przykład, pomoc dla uczniów po godzinach lekcyjnych, dostosowanie nauki do różnych poziomów uczniów, wolontariat w celu przygotowania materiałów i uczestniczenia w zajęciach pozalekcyjnych, współpracę i pomoc dla innych nauczycieli, przedstawianie sugestii w celu poprawy jakości pracy szkoły oraz wolontariat dla różnych komisji. Działania te związane są z technicznym rdzeniem organizacji i umożliwiają szkołom przetrwanie w czasie, łagodzenie napięć i zwiększenie efektywności szkoły. Jednak niewiele jest badań skupiających się na nauczycielach i OCB, a co za tym idzie nie ma jasnego obrazu tego zjawiska.

Badania wykazały, że OCB jest uważane za koncepcję wielowymiarową, chociaż nie ma zgody co do tego, ile jest różnych wymiarów i jakie są. W niniejszym badaniu bada się OCB nauczycieli według następujących trzech wymiarów, stwierdzonych w ostatnich badaniach przeprowadzonych w szkołach izraelskich: (1) zachowania skierowane do uczniów, takie jak nauczyciele wspierający uczniów, którzy mają trudności po szkole; (2) zachowania skierowane do innych nauczycieli, takie jak nauczyciele pomagający nowym nauczycielom; oraz (3) zachowania skierowane do szkoły jako organizacji, takie jak nauczyciele oferujący pomysły na poprawę wizerunku szkoły.

2.2. Związek między postawami a OCB

Poprzednie badania wykazały związek pomiędzy postawami pracowników a OCB. Teoria wymiany społecznej jest wykorzystywana do wyjaśnienia, jak takie postawy wpływają na OCB. Zgodnie z tą teorią, która opiera się na normie wzajemności, istnieje system wymiany społecznej między pracownikiem a organizacją, który powoduje, że OCB jest jednym z jego pozytywnych rezultatów. Pracownicy okazują to zachowanie jako nagrodę dla organizacji i niektórych osób w niej przebywających, w zamian za ich wsparcie i pomoc. Innymi słowy, kiedy pracownik wykształci pozytywne nastawienie do swojej pracy, czuje się zobowiązany do "odpłacenia" organizacji i będzie miał większą motywację w zakresie OCB. Niniejsze badanie koncentruje się na trzech głównych zmiennych postaw związanych z pracownikiem OCB, które zostały zbadane bardzo mało, jeśli w ogóle, wśród nauczycieli: zaangażowanie w organizację, postrzegane wsparcie organizacyjne i satysfakcja z pracy.

2.3. Zaangażowanie organizacyjne i OCB

Zaangażowanie organizacyjne definiowane jest jako lojalność lub relacja jednostki z zatrudniającą ją organizacją. Poprzednie badania wykazały, że zaangażowanie organizacyjne jest pojęciem wieloaspektowym. Każda forma zaangażowania prowadzi do różnych wyników organizacyjnych. W niniejszym opracowaniu zbadano dwie formy zaangażowania organizacyjnego. Efektywne zaangażowanie, czyli lojalność, jest emocjonalną reakcją przywiązania i identyfikacji z organizacją, która może być wyrażona w poczuciu przynależności pracownika do organizacji. Zaangażowanie tworzy emocjonalne przywiązanie do organizacji, tak aby osoba, która jest silnie zaangażowana identyfikowała się z organizacją, była w nią zaangażowana i cieszyła się z jej funkcjonowania w społeczeństwie. Zaangażowanie na rzecz zgodności wartości odnosi się do internacjonalizacji pracownika lub jego zaangażowania w organizację, w oparciu o zgodność wartości indywidualnych i organizacyjnych.

Zaangażowanie rozwija się na podstawie psychologicznie satysfakcjonujących doświadczeń. Poprzez proces wymiany społecznej, w wyniku pozytywnych doświadczeń pracownika w pracy (czy to z powodu jego zadowolenia, czy też identyfikacji z wartościami organizacji), czuje on zaangażowanie w swoją pracę. W rezultacie zwiększa się motywacja i chęć pracownika do tego, aby przyczyniać się i robić więcej, niż się od niego oczekuje, aby promować sukces i cele organizacji. Wcześniejsze badania, które wykazały pozytywną korelację pomiędzy zaangażowaniem w organizację a nauczycielem OCB, nie badały konkretnych wymiarów zaangażowania, o których mowa w niniejszym badaniu. W niniejszym badaniu zakłada się, że wysoki poziom każdego z wymiarów zaangażowania w organizację doprowadzi do wysokiego OCB w różnych jej wymiarach.

Hipoteza 1: Stwierdzona zostanie pozytywna korelacja pomiędzy afektywnym zaangażowaniem i OCB w stosunku do nauczycieli, organizacji i ucznia.

Hipoteza 2: Stwierdzona zostanie pozytywna korelacja pomiędzy zaangażowaniem w zgodność wartości i OCB dla nauczycieli, organizacji i ucznia.

2.4. Postrzegane wsparcie organizacyjne (POS) i OCB

Wsparcie organizacyjne odnosi się do wszelkich działań przyjętych przez organizację lub jej przedstawicieli, które wskazują na troskę o dobro pracowników. POS to ogólne postrzeganie przez pracownika sposobu, w jaki organizacja docenia jego wkład, jest mu oddana i dba o jego dobre samopoczucie; na przykład pracownik czuje, że organizacja będzie po jego stronie w przypadku problemów osobistych. Badacze wyjaśniają zgodnie z teoriami wymiany społecznej, że kiedy pracownicy odczuwają wysoki stopień wsparcia ze strony organizacji, czują się zobowiązani do nagradzania organizacji swoją lojalnością i pozytywnymi zachowaniami. Poprzednie badania wykazały, że POS był związany z wynikami pozytywnych zachowań w organizacji oraz z OCB. Z przeglądu literatury wynika, że ta zmienna nie była badana wśród nauczycieli. Niniejsze opracowanie zakłada, że zostanie stwierdzona pozytywna korelacja pomiędzy OCB nauczycieli w jego różnych wymiarach a nauczycielami, którzy postrzegają szkołę jako miejsce wsparcia.

Hipoteza 3: Stwierdzona zostanie pozytywna korelacja pomiędzy postrzeganiem przez nauczyciela wsparcia organizacyjnego (POS) i OCB dla organizacji nauczyciela i ucznia.

2.5. Zadowolenie w Organizacji i OCB

Stwierdzono, że zadowolenie z wykonywanej pracy, która była szeroko badana, jest związane z wynikami OCB w różnych organizacjach. Pojęcie satysfakcji z pracy opiera się na Teorii Potrzeb, zgodnie z którą zaspokojenie podstawowych potrzeb jednostki może przyczynić się do jej zaspokojenia. Innymi słowy, kiedy człowiek jest bardziej zadowolony z pracy, jest zainteresowany utrzymaniem i wzmocnieniem swojej pozycji. Dlatego jego motywacja do działania z OCB jest większa. Dodatkowe wyjaśnienie związku pomiędzy tymi zmiennymi pochodzi z Teorii Satysfakcji, która opiera się na założeniu, że satysfakcja jest wynikiem nagród, które jednostka postrzega jako pozytywne. Kiedy pracownik czuje, że otrzymuje te nagrody, jest zadowolony i chętny do działania poza formalnymi obowiązkami w organizacji. Niniejsze opracowanie stanowi uzupełnienie niewielkiej ilości badań dotyczących satysfakcji z pracy w szkole i zakłada, że nauczyciele z dużą satysfakcją w szkole będą zachowywać się z większą ilością OCB wobec różnych stron w szkole.

Hipoteza 4: Stwierdzona zostanie pozytywna korelacja pomiędzy satysfakcją z pracy i OCB dla nauczycieli, organizacji i ucznia.

3. Metoda

3.1. 3.1.1. Próbka i procedura

W próbie badawczej znalazło się 314 nauczycieli z szesnastu publicznych szkół podstawowych w centrum Izraela. Ponieważ większość nauczycieli izraelskich szkół podstawowych to kobiety, uczestnikami badania były głównie kobiety (95%), które miały staż pracy w systemie edukacyjnym (84%) i uczyły w pełnym wymiarze godzin (80%). Ogólna liczba lat doświadczenia w nauczaniu wahała się od 0 do 42 lat, przy średniej wynoszącej około 15 lat. Większość uczestników (80%) miała wykształcenie licencjackie (63%) lub magisterskie (15%), podczas gdy 22% miało jedynie wykształcenie seminaryjne. Wstępne dane na temat szkoły zostały zebrane podczas spotkania z dyrektorem szkoły. Zorganizowano spotkanie z nauczycielami w każdej ze szkół, aby wyjaśnić im uczestnictwo w badaniach i ogólnie opisać im cele badawcze. Następnie nauczyciele wypełnili ankiety, które zostały zebrane bezpośrednio po zakończeniu badania. Tym samym wskaźnik wypełnienia kwestionariuszy był bliski 100%.

3.2. Kwestionariusz OCB

Do pomiaru OCB nauczyciela użyto skali opracowanej przez Somech'a i Drach-Zahavy'ego do badania OCB w szkołach izraelskich. Kwestionariusz składa się z 23 wypowiedzi, które dotyczą trzech wymiarów OCB. Zawiera ona osiem pozycji dotyczących OCB dla uczniów, na przykład: "Pozostaję w klasie podczas przerw, aby słuchać swoich uczniów", osiem pozycji dotyczących OCB dla szkoły, na przykład: "Mam tendencję do spędzania czasu w opiece i dekoracji szkoły" oraz siedem pozycji dotyczących OCB dla nauczycieli, na przykład: "Mam tendencję do pomagania nowym nauczycielom, nawet jeśli nie jest to częścią mojej definicji roli". Użyto pięciopunktowej skali typu "Likert-type" w zakresie od 1=totalny brak zgody do 5=totalny brak zgody. Wewnętrzna ważność kwestionariusza została zmierzona za pomocą analizy czynnikowej, która zbiegła się w wynik bardzo podobny do tego z literatury i wskazała trzy wymiary OCB. Poziom wiarygodności był doskonały i nawet wyższy niż w literaturze: OCB dla uczniów - α=0,802, OCB dla kadry nauczycielskiej - α=0,84, a OCB dla szkoły - α=0,94.

3.3. Zaangażowanie w kwestionariusz dotyczący organizacji

Aby zmierzyć afektywne zaangażowanie w organizację, zastosowano ośmiopunktową skalę Allena i Meyera. Kwestionariusz ten zawiera 8 pozycji, które badają afektywne przywiązanie pracownika do organizacji, jego identyfikację z nią i jego zaangażowanie w nią. W tym badaniu słowo "organizacja" zostało zmienione na słowo "szkoła". Na przykład: "Bardzo chętnie spędziłbym resztę mojej kariery w tej szkole". Do pomiaru tej postawy użyto 5-stopniowej skali typu "Likert-type" w zakresie od 1=totalny brak zgody do 5=totalny brak zgody. Aby zmierzyć zaangażowanie nauczyciela w zgodność wartości, użyto pięciopunktowej skali O'Reilly'ego i Chatmana. Ich kwestionariusz bada internacjonalizację lub zaangażowanie nauczyciela uwarunkowane zgodnością wartości indywidualnych i organizacyjnych. W tym badaniu słowo "organizacja" zostało zmienione na "szkoła". Na przykład: "Od czasu wstąpienia do tej szkoły, moje osobiste wartości i wartości szkoły stały się bardziej podobne". Zastosowano 5-punktową skalę typu Likert- od 1=totalnie nie zgadzam się do 5=totalnie się zgadzam.

Wewnętrzną prawidłowość kwestionariusza zmierzono za pomocą analizy czynnikowej z rotacją Varimaxa, która wykazała, że te dwa czynniki są identyczne z tymi z literatury tylko w trzech iteracjach, gdy uzyskano 59% wariancji wyjaśnionej. Czynnik zaangażowania afektywnego wyjaśnia 31% wariancji, natomiast czynnik zaangażowania zgodności wartości wyjaśnia 29% wariancji. Obciążenie pozycji na każdy z czynników wyniosło ok. 0,40. WiarygodnoĞü wynosiáa α=0,86 dla zaangaĪowania afektywnego i α=0,89 dla zaangaĪowania zgodnoĞci wartoĞciowej.

3.4. Badanie postrzeganego wsparcia organizacyjnego (SPOS)

Zmienna POS została zbadana za pomocą skróconej wersji badania POS w składzie: Eisenberger, Cumming, Armeli i Lynch. Składa się ona z ośmiopunktowej skali oceniającej stopień, w jakim pracownicy postrzegają organizację jako doceniającą ich wkład i dostrzegającą ich dobro. W tym badaniu słowo "organizacja" zostało zmienione na "szkoła". Na przykład: "Moja szkoła naprawdę dba o moje samopoczucie". Zastosowano 5-punktową skalę typu Likert- od 1=totalnie nie zgadzam się do 5=totalnie się zgadzam. Wewnętrzna ważność kwestionariusza została zmierzona za pomocą analizy czynnikowej z rotacją Varimax, która wykazała, że wszystkie osiem pozycji kwestionariusza zbiegło się w jeden czynnik, wyjaśniając jednocześnie 60,2% wyjaśnionej wariancji. Obciążenie wszystkich pozycji na czynnik wynosiło powyżej 0,67, a wiarygodność $\alpha=0,90$.

3.5. Kwestionariusz satysfakcji z pracy nauczyciela

Zmienna satysfakcji z pracy została zbadana za pomocą ośmiopunktowej skali Gaziela, Borglera i Nira. Respondenci zostali poproszeni o zanotowanie stopnia zadowolenia z każdej pozycji, na przykład "Relacje społeczne z ludźmi, z którymi pracuję". Zastosowano 5-punktową skalę typu Likert- w zakresie od 1=bardzo niespełniony do 5=bardzo spełniony. Wewnętrzna ważność kwestionariusza została zmierzona za pomocą analizy czynnikowej z rotacją Varimax, która wykazała, że wszystkie osiem pozycji zbiegło się w jeden czynnik, wyjaśniając jednocześnie 61% wyjaśnionej wariancji. Obciążenie wszystkich pozycji na czynnik wynosiło powyżej 0,69, a niezawodność $\alpha=0,90$.

Należy zauważyć, że zmienne demograficzne szkoły i nauczycieli były kontrolowane w kolejności różnych obliczeń

Środki i odchylenia standardowe zmiennych postaw i OCB przedstawione są w tabeli 1. Wewnętrzne korelacje między zmiennymi postaw (tabela 2) oraz między zmiennymi zachowań obywatelstwa organizacyjnego (tabela 3) zostały zbadane za pomocą korelacji Pearsona.

Tabela 1. Środki i odchylenia standardowe postawy nauczyciela i OCB nauczyciela w całej próbce

	N	MIN	MAX	M	SD
Skuteczne zaangażowanie	313	1.75	5.00	3.87	.76
Wartość Konsekwencja	311	1.30	5.00	3.53	.90
Zobowiązanie	313	1.50	5.00	3.86	.70
Postrzegane wsparcie	320	2.25	5.00	4.18	.63
organizacyjne	314	1.00	5.00	4.01	.72
Satysfakcja z pracy	314	1.38	5.00	2.99	.72
OCB Nauczyciele	314	1.25	5.00	3.53	.99
OCB Studenci					
Organizacja OCB					

Jak pokazuje tabela 1, zakres punktacji postaw nauczycieli i OCB nauczyciela jest bardzo szeroki (z wyjątkiem zmiennej satysfakcji, dla której zakres ten jest węższy). Średnie wartości zmiennych wskazują na wysokie postawy (postawy od 3,53 do 4,18) i umiarkowane OCB (2,99 dla uczniów) oraz wysokie OCB (3,53 dla organizacji).

Różnice pomiędzy dwoma wymiarami zobowiązania (zobowiązanie afektywne i zobowiązanie zgodności wartości) oraz trzema wymiarami OCB zostały zbadane za pomocą testów t dla próbek zależnych. Wyniki pokazują, że istnieje znacząca różnica pomiędzy dwoma wymiarami zobowiązania (t (1, 310) = 8,97, p<,001), gdy środki wskazują, że zobowiązanie afektywne jest znacząco wyższe niż zobowiązanie zgodności wartości (odpowiednio 3,87 i 3,53). Istotne różnice stwierdzono w wymiarach OCB, w następującej kolejności: OCB wobec nauczycieli było najwyższe (M=4,01) i różniło się istotnie od OCB wobec organizacji (t (1, 313) = 12,79, p<,001) oraz od OCB wobec uczniów (t (1,313) = 28,86, p<,001). Drugi wymiar to OCB dla organizacji (M=3,53), który istotnie różnił się od OCB dla studentów, który był najniższy (M=2,99) (t (1,313) = 13,90, p<.001).

Tabela 2. Korelacje Pearsona do badania wewnętrznych korelacji pomiędzy wskaźnikami czterech postaw

	Affective Commitment	Value Congruence Commitment	Perceived Organizational Support	Satisfaction
Affective Commitment	-			
Value Congruence Commitment	.67***	-		
Perceived Organizational Support	.71***	.67***	-	
Job Satisfaction	.65***	.62***	.67***	-

*****p<001**

Jak wynika z tabeli 2, stwierdzono istotne dodatnie korelacje pomiędzy czterema zmiennymi postaw. Korelacje te wskazują, że na ogół nauczyciele, którzy wyrażali wysokie zaangażowanie afektywne, wyrażali również wysoką wartość zaangażowania congruence, wysokie postrzegane wsparcie organizacyjne i wysoką satysfakcję. Nauczyciele, którzy wyrażali niższe postawy, czynili to zazwyczaj we wszystkich czterech wskaźnikach.

Tabela 3. Korelacje Pearsona do badania wewnętrznych korelacji pomiędzy trzema indeksami OCB

	OCB Nauczyciele	OCB Studenci	Organizacja OCB
OCB Nauczyciele	-		
OCB Studenci	.63***	-	
Organizacja OCB	.75***	.72***	-

*****p<001**

Jak wynika z tabeli 3, badanie korelacji pomiędzy indeksami OCB wskazuje na istotne dodatnie korelacje pomiędzy samymi indeksami. Zgodnie z tymi korelacjami, nauczyciel, który zgłosił wysokie OCB, zrobił to we wszystkich trzech wymiarach łącznie. Alternatywnie, nauczyciel, który zgłosił niską wartość OCB zwykle robił to we wszystkich trzech indeksach.

Tabela 4. Pearson Korelacje między postawą nauczyciela a postawą nauczyciela OCB

	Nauczyciele	Wskaźniki OCB Studenci	Organizacja
Skuteczne	.62***	.51**	.66**
zaangażowanie	.68***	.65**	.68**
Wartość Konsekwencja	.50**	.49**	.52**
Zobowiązanie	.54**	.47**	.59**
Postrzegane wsparcie organizacyjne			
Satysfakcja z pracy			

***p<01 **p<001**

Jak widać w tabeli 4, istnieją silne pozytywne korelacje pomiędzy postawą nauczyciela a OCB nauczyciela. Te istotne korelacje wskazują, że nauczyciele, którzy mają wysokie postawy, a mianowicie wysoki poziom zaangażowania w organizację, wysokie POS, i którzy mają wysoki poziom zadowolenia wyrażali również wysokie OCB wobec uczniów, nauczycieli i organizacji. Było też odwrotnie. Należy zauważyć, że choć wszystkie te korelacje były silne i znaczące, to jednak korelacja pomiędzy postawami nauczycieli i OCB wobec uczniów jest niższa niż korelacja pomiędzy postawami nauczycieli i OCB wobec nauczycieli i organizacji. Tak więc, na przykład, podczas gdy korelacje pomiędzy afektywnym zaangażowaniem nauczycieli i OCB w stosunku do nauczycieli i organizacji wynoszą r=.66 i r=.62, korelacja pomiędzy postawami nauczycieli i OCB w stosunku do uczniów wynosi r=.51.

Przeprowadzono analizę regresji wielokrotnej w celu zmierzenia przyrostowego udziału każdego z czterech podejść do trzech wymiarów OCB. W tabeli 5 przedstawiono te wyniki.

Tabela 5. Liniowa regresja wielokrotna dla przewidywania wskaźników OCB przez zmienne postawy

	OCB WSKAŹNIKI		
	Nauczyciele Beta	**Studenci Beta**	**Organizacja Beta**
Skuteczne	.31***	.10	.35***
zaangażowanie	.49***	.52***	.43***
Wartość	.14*	.08	.15*
Konsekwencja	.13*	.02	.20***
Zobowiązanie	85.12***	57.85***	97.96***
Postrzegane wsparcie organizacyjne	53%	43%	56%
Satysfakcja z pracy			
F(p)			
R2			

p<05**p<01p<001**

Z powyższej tabeli jasno wynika, że Value Congruence Commitment ma najwyższy udział we wszystkich trzech wymiarach OCB. W przypadku OCB dla nauczycieli i dla organizacji, Affective Commitment, Perceived Organizational Support i Job Satisfaction okazały się mieć znaczący wkład. Jednakże, w przeciwieństwie do tych dwóch wymiarów OCB, OCB dla uczniów w znacznym stopniu odnosiło się tylko do Wartości Zgodności (Value Congruence Commitment). Pozostałe trzy zmienne postawy nie zostały uznane za znacząco związane z OCB w stosunku do studentów.

5. Dyskusja

Pierwsza część dyskusji będzie się koncentrować na ustaleniach dotyczących OCB jako koncepcji wielowymiarowej, natomiast druga część będzie się koncentrować na ustaleniach związanych z czterema zmiennymi postawy nauczycieli i ich korelacji z OCB. W tym badaniu OCB zostało uznane za zmienną wielowymiarową, tak jak to miało miejsce w poprzednich badaniach organizacji i szkół. Składa się ona z trzech wymiarów, identycznych jak we wcześniejszych badaniach przeprowadzonych na nauczycielach w Izraelu: nauczyciela, studenta i organizacji. Wyniki pokazują, że OCB dla nauczycieli jest najwyższe, następnie OCB dla szkoły, a OCB dla uczniów jest najniższe. Chociaż można się spodziewać, że nauczyciele będą inwestować większość czasu w promowanie swoich uczniów, wyniki można wyjaśnić na dwa sposoby. Po pierwsze, zgodnie z teorią wymiany społecznej, pracownicy będą prezentować OCB jako nagrodę dla organizacji i jej kierownictwa w zamian za wsparcie i pomoc otrzymaną od organizacji. Możliwe, że nauczyciele, podobnie jak inni pracownicy, wolą wykonywać w szkole zajęcia wolontariackie, ponieważ są one bardziej widoczne i skierowane do osób, które mogą je wynagrodzić.

Nauczyciel, który pokazuje OCB szkole lub kolegom (np. pomaga dyrektorowi/nauczycielom) uważa, że ma większe szanse na bycie widzianym i nagradzanym. W przeciwieństwie do tego, OCB dla uczniów jest nie tylko mniej publiczne, ale również skierowane do młodych ludzi, którzy nie mogą zaoferować im żadnej nagrody. Innym sposobem na wyjaśnienie nauczycielom i organizacji wysokiego poziomu OCB jest rozważenie zmian w systemie edukacji, które doprowadziły do szerszej perspektywy zawodu nauczyciela. Inaczej niż w przeszłości, kiedy rola nauczyciela ograniczała się do nauczania w klasie, dziś nauczyciel należy do wspólnoty nauczycieli i organizacji, pracuje we współpracy i pełni wiele ról organizacyjnych poza nauczaniem. Nauczyciele rozumieją, że te dodatkowe obszary są integralną częścią ich pracy i uczestniczą w nich ponad ich obowiązki. Nauczyciele utrzymują, że ich wkład w szkołę i współpracowników jest dziś bardzo znaczący, dlatego też wolą pokazywać te wymiary OCB.

Jeśli chodzi o związek między postawami nauczycieli a OCB, badanie wykazało silny związek między wszystkimi postawami nauczycieli a OCB w ogóle, zgodnie z czterema hipotezami. Wyniki te są podobne do poprzednich badań wśród nauczycieli, w których stwierdzono, że na OCB mają wpływ niektóre zmienne postawy: zadowolenie z pracy i zaangażowanie nauczycieli w organizację. Badanie wykazało również znaczącą korelację pomiędzy POS i OCB nauczycieli, która w przeszłości była rzadko badana. Im bardziej nauczyciele czuli, że ich szkoła ich wspiera, tym większe było ich OCB. Badania wykazały, że pracownicy postrzegają organizację i swoich przełożonych jako jedną jednostkę i jako taką dyrektor szkoły jest odpowiedzialny za tworzenie atmosfery wsparcia, która może zachęcić i zwiększyć OCB swojej kadry nauczycielskiej. Spośród wszystkich zmiennych nastawienia najsilniejszy wpływ na zachowanie nauczycieli ma zaangażowanie, które wynika ze zgodności między wartościami nauczyciela a wartościami szkoły. Z kolei wpływ satysfakcji z pracy jest słabszy.

Stwierdzenie to jest interesujące w świetle poprzednich badań, które wykazały, że zadowolenie z pracy jest najbardziej znaczącą zmienną, która prowadzi do OCB pracowników. Obecne wyniki ilustrują różnicę między zawodem nauczyciela a innymi sektorami. Nauczanie uważane jest za zawód "moralny" i "ideologiczny", który zawiera w sobie wartości i ideały; osoby, które wybierają nauczanie, motywowane są poczuciem misji i moralnym zaangażowaniem w sprawy społeczne. Dlatego też jest prawdopodobne, że dla nauczycieli poczucie zgodności między ich wartościami a wartościami szkół ma największy wpływ na ich OCB. Ten szczególny rodzaj zaangażowania w organizację nie był badany w poprzednich badaniach prowadzonych na nauczycielach.

Jak zauważono, korelacja pomiędzy postawą nauczycieli i ich OCB wobec uczniów nie jest tak silna jak korelacja pomiędzy postawą nauczycieli i ich OCB wobec nauczycieli i organizacji. Podobnie, analiza regresji wykazała, że trzy z czterech badanych zmiennych postawy nie miały wpływu na OCB w stosunku do uczniów. Innymi słowy, badanie pokazuje, że postawy nauczycieli mają większy wpływ na ich OCB w stosunku do szkoły i jej nauczycieli niż na ich OCB w stosunku do uczniów. Zachowanie nauczyciela w stosunku do ucznia jest mniej zależne od jego postawy i jest dość stabilne. Wynik ten można wytłumaczyć postrzeganiem przez nauczycieli ich roli jako jednej z głównych form promocji i pomocy swoim uczniom. Na ich zachowanie w stosunku do uczniów nie ma wpływu ich pozytywne ani negatywne nastawienie do szkoły.

Badanie to zapewnia lepsze zrozumienie koncepcji OCB wśród nauczycieli, jej wymiarów i postaw, które na nią wpływają. Wnioski z badania prowadzą do rekomendacji dla dyrektorów i osób kształtujących politykę edukacyjną, a także do sugestii dotyczących przyszłych badań. Po pierwsze, badanie to wykazało, że pojęcie OCB nauczyciela obejmuje trzy różne wymiary, z których każdy jest pod wpływem innych zmiennych. Zaleca się kontynuowanie badań OCB zgodnie z jego różnymi wymiarami. Badania wykazały, że nauczyciele wykazują niższy poziom OCB wśród uczniów.

Stwierdzenie to jest niepokojące i zaleca się zachęcanie nauczycieli do zwiększania tych zachowań wśród uczniów, którzy są głównym przedmiotem nauczania. Można by to zrobić, gdyby szkoła zachęcała i przekazywała pozytywne informacje zwrotne nauczycielom, którzy wykazywali uczniom OCB, dyrektorzy, którzy szczególnie chwaliliby nauczycieli z wysokim poziomem OCB dla uczniów, mogliby motywować nauczycieli do kontynuowania tych zachowań, a innych do ich przyjmowania.

Badanie pokazuje, że postawy nauczycieli mają wpływ na większość wymiarów OCB. Jedną z konsekwencji tego rezultatu jest to, że aby zwiększyć OCB w szkołach, konieczne jest, aby nauczyciele rozwijali pozytywne postawy. Dyrektorzy powinni być świadomi faktu, że OCB jest podejmowane przez nauczycieli przede wszystkim ze względu na normy wzajemności. Gdy dyrektorzy wykazują się wrażliwością wobec nauczycieli oraz wsparciem, zrozumieniem i empatią w stosunku do ich potrzeb, mogą wpływać na ich postawy, co sprawi, że będą reagować z wzajemnością, a tym samym zwiększą swoją ekspresję OCB. Wyniki pokazują również, że zaangażowanie nauczyciela w organizację, wynikające ze zgodności między wartościami nauczyciela a wartościami szkoły, było najważniejszą i jedyną zmienną, która miała wpływ na wszystkie wymiary OCB. Aby zwiększyć poczucie zaangażowania nauczycieli, zaleca się, aby dyrektor przeprowadził z nimi dyskusję na temat ich wartości i wartości szkoły oraz opracował wspólną wizję edukacyjną, z którą nauczyciele mogą się identyfikować. W ten sposób szkoły mogą odnieść korzyści ze zwiększenia liczby OCB nauczycieli.

Należy zauważyć, że badanie to ma kilka ograniczeń. Po pierwsze, istnieją ograniczenia dotyczące instrumentów. Informacje dotyczące wyrażania zachowań i postaw przez nauczycieli zostały oparte na kwestionariuszach do samodzielnego wypełnienia. Możliwe, że zebrane w ten sposób dane są obarczone błędami wynikającymi z własnej stronniczości, z braku obiektywizmu respondenta. Przyszłe badania mogą łączyć dodatkowe metody zbierania danych o OCB nauczycieli. Drugie ograniczenie odnosi się do uogólnienia wyników.

Badania zostały przeprowadzone w szkołach podstawowych w centrum Izraela. Podobne badania powinny być przeprowadzone w innych organizacjach edukacyjnych, takich jak szkoły średnie, publiczne i prywatne instytucje edukacyjne, kolegia nauczycielskie i uniwersytety. Ponadto, zaleca się przeprowadzenie badań uzupełniających w innych krajach i sektorach. Wreszcie, badania dotyczą ograniczonej liczby zmiennych, które mogą być związane z nauczycielami OCB. Przyszłe badania mogłyby skupić się na większej liczbie zmiennych związanych z nauczycielem, dyrektorem i szkołą. Odkrycie dodatkowych zmiennych rzuci dalsze światło na zrozumienie OCB, które jest znaczącą zmienną, oraz na sposoby jej zwiększania wśród nauczycieli.

Przegląd

- W badaniu badano związek między zachowaniami obywatelskimi nauczycieli (OCB) a ich postawami wobec pracy, w tym zaangażowaniem w organizację, zaangażowaniem afektywnym i zaangażowaniem na rzecz spójności wartości, postrzeganym wsparciem organizacyjnym i satysfakcją z pracy.
- Badanie opierało się na teorii wymiany społecznej w celu opracowania jej celów i hipotezy.
- Dane do badania zostały zebrane przy użyciu kwestionariusza administracyjnego. Kwestionariusze te zostały rozesłane do nauczycieli w szkole podstawowej z centrum Izraela.
- Badanie wykazało, że zachowanie obywatelskie organizacji jest wielowymiarową zmienną skierowaną do różnych stron w szkole - uczniów, nauczycieli i organizacji.
- Wypróbowano ciekawe hipotezy, które wykazały, że wszystkie badane zmienne mają znaczącą dodatnią korelację z zachowaniem nauczyciela. Jednak zmienna o najbardziej znaczącej korelacji to zaangażowanie w organizację.

Krytyka

- Dokument nie ma jasnych ram teoretycznych ani modelu, na których opierałoby się badanie.
- Istnieją różnice społeczno-kulturowe, które stanowią ograniczenie dla wyników badań i dlatego powielanie ich w innych środowiskach będzie istotne.

- Chociaż w badaniu wykorzystano odpowiednią metodologię i pomiar zmiennych, większość zmiennych, w tym pojęcie złożone, mierzono jako pojedynczą konstrukcję. Może to mieć wpływ na wyniki badań, zwłaszcza gdy niektóre istotne konstrukcje nie są brane pod uwagę.

Opinie

- Studium wymaga jasnych ram teoretycznych lub modelu, który stanowiłby jego podstawę.
- Autor mógł opierać się na istniejących literaturach w odniesieniu do przedmiotu swoich badań, aby przyjąć lub dostosować odpowiedni model teoretyczny w celu wsparcia badań.
- Dzięki solidnej strukturze badania i metodologii, badanie mogło eksplorować wieloaspektowe konstrukcje w celu zmierzenia niektórych złożonych zmiennych, a nie wąsko definiować i mierzyć je jako pojedynczą konstrukcję.

Warsztat Reakcja 3:

Gündüz, Y (2014). Wpływ wsparcia organizacyjnego na zaangażowanie organizacyjne." Antropolog 18, nie. 3 (2014): 1041-1057.

Streszczenie

Badanie to bada wpływ wsparcia organizacyjnego dla nauczycieli na ich zaangażowanie organizacyjne. Dane zebrano od 819 nauczycieli szkół podstawowych w siedmiu miastach z każdego regionu geograficznego Turcji. W badaniu zastosowano dwie skale: "Perceived Organizational Support Scale (POSS)" oraz "Teachers' Organizational Commitment Scale (TOCS)". Wyniki badań pokazują, że nauczyciele postrzegają wsparcie organizacyjne i zaangażowanie organizacyjne na umiarkowanym poziomie. Podczas gdy postrzeganie zaangażowania organizacyjnego nauczycieli różni się pod względem zmiennych dotyczących płci, doświadczenia, nagrody i poziomu wykształcenia, ich postrzeganie wsparcia organizacyjnego różni się pod względem doświadczenia i zmiennych dotyczących nagrody. Pokazuje to, że im bardziej wzrasta postrzeganie wsparcia organizacyjnego nauczycieli, tym większe jest ich postrzeganie zaangażowania. Podczas gdy postrzeganie wsparcia organizacyjnego w kierunku "rozwoju osobistego" ma niewielki wpływ na zmienną zależną, postrzeganie wsparcia organizacyjnego w kierunku "struktury pracy" ma negatywny wpływ na zmienną zależną.

Wprowadzenie

Zasoby ludzkie są najważniejszym źródłem prowadzenia każdej organizacji w procesie efektywnej realizacji jej celów i zadań. Mając to na uwadze, powinny one akceptować i dostosowywać cele i zasady organizacyjne, aby tworzyć zaangażowanie i kontynuować je w perspektywie długoterminowej. Jednak w konkurencyjnym świecie pracy trudno jest sprawić, by zarówno jednostki, jak i pracownicy byli zaangażowani w swoją pracę. Istotną kwestią jest, aby wykwalifikowany personel pracował, wykorzystując swoją wiedzę dla organizacji jako zaangażowany. Jest to związane ze słowem "zaangażowanie organizacyjne".

Tutaj sukces pracowników jest związany z ich zaangażowaniem w działalność organizacji. Tworzenie zaangażowania organizacyjnego nie jest łatwym faktem, jak to się twierdzi. Tworzenie takiego procesu zarówno dla dobra pracowników, jak i dla dobra organizacji, zgodnie z celami organizacyjnymi, ma wiele aspektów, ale w tym momencie organizacje powinny szukać sposobów na zaangażowanie pracowników i wspieranie ich również. Istnieje wiele krytycznych zmiennych, które odgrywają rolę w tworzeniu poczucia organizacyjnego zaangażowania opisywanego jako silna wola akceptacji celów i wartości organizacji. Zgodnie z poglądem, aby każdy mógł dobrowolnie pozostać w organizacji, pracując w pełnym wymiarze jako jej członek, najważniejszą zmienną jest wsparcie organizacyjne. Organizacje powinny wspierać swoich pracowników na wiele sposobów, aby utrzymać ich w swoich strukturach i korzystać z ich osiągnięć. Wiadomo, że wspierani pracownicy mają tendencję do pozytywnego myślenia o swoich organizacjach. Kiedy utrzymują zmotywowanych pracowników w swoich organizacjach i efektywnie z nich korzystają, mają szansę na przetrwanie i osiągnięcie sukcesu. Organizacje, które wspierają swoich pracowników w pozytywny sposób, mogą korzystać z ich wiedzy i umiejętności. W ten sposób mogą też mieć szansę na zaangażowanie organizacyjne, ponieważ zaangażowani pracownicy mają większe poczucie odpowiedzialności za wyniki, zadania i role w porównaniu z tymi, którzy nimi nie są. Niniejsze badanie ma na celu analizę i zbadanie koncepcji wsparcia i zaangażowania organizacyjnego, które są uważane za mające wpływ na zachowania pracowników na wiele sposobów. W tym zakresie definiuje się koncepcje wsparcia i zaangażowania organizacyjnego, a następnie wyjaśnia ich wpływ na nie i analizuje odpowiednią literaturę.

Wsparcie organizacyjne składa się z trzech zasad (Rhoades i Eisenberger 2002). Pierwszą z nich jest wzajemność. Zgodnie z zasadą wzajemności, wsparcie organizacyjne udzielane przez organizację może prowadzić do emocjonalnej konieczności personelu. Drugą zasadą jest zaspokajanie potrzeb społecznych pracowników, doprowadzenie personelu do ścisłego dialogu i zapewnienie wszystkim pracownikom sprawiedliwego statusu roli. Trzecią zasadą jest wzmacnianie przekonań pracowników o korzyściach organizacyjnych i promowanie uczciwych wyników. W ten sposób postrzegane wsparcie organizacyjne może być dobrze rozwinięte w odpowiednim czasie.

Ustanawia się ją poprzez tworzenie zdrowych interakcji z ich organizacjami. W ten sposób powstaje jako dobry poziom percepcji organizacyjnej pracowników wobec ich organizacji (Demircan Cakar i Yildiz 2009). Aby osiągnąć ten cel, organizacje powinny oferować wsparcie organizacyjne dla swoich pracowników, biorąc pod uwagę ich szczęście i dobre samopoczucie (Eisenberger i in. 1986). Istnieją jednak badania, które wskazują, że nauczyciele są wspierani przez swoje organizacje (Nartgun-Sezgin i Kalay 2014; Egriboyun 2014) i prawdą jest, że takie sytuacje mają również pozytywne refleksje na temat nauczycieli. Przeprowadzono wiele badań dotyczących zaangażowania organizacyjnego (Allen, Shore i Griffeth 2003; Aselage i Eisenberger 2003; Egriboyun 2014; Polatci i in. 2014; Iplik i in. 2014; Florencja i Vandenberghe 2003; Fuller i in. 2003; Liden i Arad 1996). Jedną z zalet wsparcia organizacyjnego jest to, że wzmacnia ono zaangażowanie organizacyjne (Christopher 1994).

Kolejnym pozytywnym wynikiem wsparcia organizacyjnego jest wzmocnienie poczucia odpowiedzialności (Wayne i in. 1997). Zgodnie z tymi badaniami, im silniejsze jest postrzegane wsparcie organizacyjne, tym większa jest odpowiedzialność za osiągnięcie celów organizacyjnych (Aselage i Eisenberger 2003). Istnieje wiele badań dających podobne wyniki w zakresie wsparcia organizacyjnego (Makanjee i in. 2006). Tym samym, wraz ze wzrostem wsparcia organizacyjnego, wzrasta poziom odpowiedzialności za wykonywanie pracy (Hutchison 1997). Ponadto twierdzi się, że wsparcie organizacyjne zwiększa wysiłki pracowników (Johlke i in. 2002). W niektórych badaniach wykazano, że osoby o wysokim postrzeganiu wsparcia organizacyjnego rozwijają stan silnego zaangażowania psychologicznego (Van Knippenberg i Sleebos 2006). Biorąc to wszystko pod uwagę, jeśli chodzi o proces kształcenia, wsparcie organizacyjne zwiększa wydajność i produktywność nauczycieli ponad standardy.

Zaangażowanie organizacyjne

Northcraft i Neale (1996) zbadali, że zaangażowanie jest postawą odzwierciedlającą lojalność pracownika wobec organizacji, a także trwającym procesem, poprzez który członkowie organizacji wyrażają swoją troskę o organizację oraz jej ciągły sukces i dobrobyt. Jest to pragnienie jednostki, aby pozostać skupioną i przywiązaną do swojej pracy i mierzoną za pomocą trzech narzędzi. Są to zaangażowanie afektywne, kontynuacja i normatywne (Meyer i Allen 1991; Dunham i in. 1994). Northcraft i Neale (1996) stwierdzili dalej, że o zaangażowaniu organizacyjnym decyduje szereg czynników, w tym czynniki osobiste (np. wiek, staż pracy w organizacji, usposobienie, atrybuty kontroli wewnętrznej lub zewnętrznej); czynniki organizacyjne (projekt stanowiska pracy i styl przywództwa przełożonego); czynniki nieorganizacyjne (dostępność alternatyw).

Istnieje wiele różnych definicji i miar zaangażowania organizacyjnego. Becker i in. (1995), Batemen i Strasser (1984), Mowday i in. (1982) definiują to pojęcie w trzech wymiarach: a) silnej chęci pozostania członkiem danej organizacji; b) gotowości do podejmowania dużych wysiłków w imieniu organizacji; c) zdefiniowania wiary i akceptacji wartości i celów organizacji. Dornstein i Matalon (1998) opisują osiem zmiennych, które są istotne dla zaangażowania organizacji. Są to: ciekawa praca, stosunek współpracowników do organizacji, zależność organizacyjna, wiek, wykształcenie, alternatywy zatrudnienia, postawa rodziny i przyjaciół. Balay (1999) definiuje zaangażowanie organizacyjne jako wpływ na przywództwo, kulturę, wartości i normy.

Avolio i in. (2004) zasugerowali związek pomiędzy przywództwem transformacyjnym a zaangażowaniem organizacyjnym, który polega na promowaniu wartości organizacyjnych związanych z osiąganiem celów organizacyjnych, a także kładzie nacisk na zaangażowanie zarówno liderów, jak i naśladowców w realizację misji i wizji organizacji. Niektóre badania dowodzą, że poziom zaangażowania organizacyjnego wśród nauczycieli jest

umiarkowany (Atik i Ustuner 2014), a niektóre twierdzą, że jest on na wysokim poziomie (Aslan i Agiroglu-Bakir 2014). Jednym z celów i najważniejszym z nich jest zaangażowanie organizacyjne, ponieważ prowadzi ono pracowników do samodoskonalenia na najwyższym poziomie (Katz i Kahm 1977). Balci (2003) dodał, że prowadzi to do spójności pracowników w pracy, produktywności, wyższego poczucia odpowiedzialności i mniejszych kosztów dla organizacji.
Uważa się, że im większe jest zaangażowanie pracownika, tym większą wydajność wykonuje on swoją pracę. Poza tym, wysoce zaangażowani pracownicy chcą pozostać związani z organizacją i realizować jej cele, dlatego są mniej skłonni do odejścia (Armstrong 1998: Baugh i Roberts 1994; Day et al. 2005; Meyer et al. 1993; Tayyah i Tariq 2001; Nehmeh 2009; Polatci et al. 2014). Ponadto Guest (1991) stwierdza, że wysokie zaangażowanie organizacyjne wiąże się z mniejszą rotacją i nieobecnościami, ale nie ma wyraźnego związku z wynikami.

Zdaniem niektórych badaczy nauczyciele, którzy wykazują się wysokim zaangażowaniem, osiągają wysokie wyniki i wpływają na osiągnięcia i postawy uczniów wobec placówek edukacyjnych oraz pozytywnie wpływają na ich pobyt w szkole (Day et al. 2005: Troman i Raggl 2008). Liczne badania wskazują, że zaangażowanie nauczycieli jest krytycznym czynnikiem warunkującym wyniki ich pracy i jakość kształcenia (Dee et al. 2006). Troman i Raggl (2008) wskazują na pięć elementów, które zwiększają zaangażowanie organizacyjne. Są to: relacje interpersonalne, tematyka usług, wsparcie szkolne, które pomaga im w dalszej pracy, czas, wygoda i korzyści finansowe. Dobre relacje z nauczycielami i ich utrzymanie jest dla nich ważne. Życzą sobie również wsparcia organizacyjnego i finansowego, kiedy tylko tego potrzebują.

Wyniki badań przeprowadzonych w obszarze edukacji w wielu różnych organizacjach generalnie wskazują, że wsparcie organizacyjne ma pozytywny wpływ na zaangażowanie organizacyjne (Allen i in. 2003; Biskup i in. 2000; Cheung i Prawo 2008; Jeongkoo i Thye 2002; Kaplan i Ogut 2012; Kose i Gonulluoglu 2010; Ozdevecioglu 2003; Piercy i in. 2006; Turunc i Celik 2010). W związku z tym uważa się, że wsparcie organizacyjne dla nauczycieli może mieć również pozytywny wpływ na ich zaangażowanie organizacyjne.

Stwierdzenie problemu

Ponadto, niniejsze badanie ma na celu ustalenie, czy wsparcie organizacyjne wpływa na zaangażowanie organizacyjne nauczycieli. Niezależną zmienną w tym badaniu jest "postrzegane wsparcie organizacyjne", a zmienną zależną "zaangażowanie organizacyjne". Mimo że przeprowadzono liczne badania mające na celu ustalenie, czy wsparcie organizacyjne wpływa na zaangażowanie organizacyjne pracowników, nie przeprowadzono badań dotyczących jego wpływu na poczucie zaangażowania nauczycieli szkół podstawowych. Mają one również na celu ustalenie, czy ich poglądy różnią się pod względem płci, doświadczenia zawodowego, wykształcenia i nagród edukacyjnych.

Pytania badawcze

1. Jakie są ogólne poglądy nauczycieli szkół podstawowych na temat wsparcia organizacyjnego i zaangażowania?
2. Czy ich poglądy na temat płci, doświadczenia zawodowego, wykształcenia i nagród edukacyjnych znacznie się różnią?
3. Jaki jest poziom wpływu wsparcia organizacyjnego dla nauczycieli na ich zaangażowanie organizacyjne?

METODOLOGIA

Projektowanie badawcze

Ponieważ celem badania jest ustalenie, czy wsparcie organizacyjne wpływa na zaangażowanie organizacyjne nauczycieli, stosuje się w nim metodę badań korelacyjnych. Metoda ta jest wykorzystywana do podjęcia decyzji o liczebności populacji, która składa się z wielu osób. Możliwe jest uzyskanie grupy lub próby, która jest uważana za reprezentatywną dla populacji ogólnej (Karasar 2009).

Populacja i pobieranie próbek

Ludność objęta tymi badaniami to 17489 nauczycieli szkół podstawowych z siedmiu miast w siedmiu regionach geograficznych Turcji w latach szkolnych 2011-2012. Pochodzili oni z regionu Marmara (Stambuł, Bagcilar (3172) i Bahcelievler (2100), regionu południowo-wschodniego (Gaziantep, Nizip (1019) i Sahinbey (4360), regionu wschodniego (Igdir, City Center(785), regionu Eagean (Izmir, Konak (935) i Buca (853), Region Morza Czarnego (Trabzon, centrum miasta (1835), Region Medyterenów

(Antalya, Muratpasa (905) i Kepez (1082) oraz Region Środkowej Anatolii (Konya, Cihanbeyli (333) i Altinekin (120).

W badaniu wzięło udział 819 nauczycieli z tej populacji. Określono ją za pomocą wzoru opartego na teorii zakresu doboru próby (Balci 2009). Zgodnie z tym wzorem, z populacji 100.000 osób wyznaczono 5 % populacji (382). Ponieważ populacja składała się z 17.489 nauczycieli, 819 uczestników wzięło udział w próbie tego badania. W próbie tej wyznaczono losowo miasta i miejscowości z różnych regionów.

Instrument

W badaniu zastosowano trzy różne instrumenty. Pierwszym z nich są formularze ankietowe opracowane przez samego badacza w celu zebrania danych demograficznych o nauczycielach. Były to cztery pytania dotyczące płci, doświadczenia zawodowego, wykształcenia i nagród edukacyjnych uczestników. Pozostałe dwa instrumenty to "Skala postrzeganego wsparcia organizacyjnego (POSS)" i "Skala zaangażowania organizacyjnego nauczycieli (TOCS)".

Postrzegana skala wsparcia organizacyjnego (POSS)

Drugim instrumentem tego badania jest skala postrzeganego wsparcia organizacyjnego (Perceived Organizational Support Scale - POSS) opracowana przez Eisenberger et al. (1986). Została ona zaadaptowana na język turecki przez Selcuka (2003). Ma ona 15 pozycji poniżej dwóch czynników. Pierwszy czynnik to "Rozwój osobisty", który ma 9 pozycji (1, 2, 3, 4, 5, 6, 7, 8, 11) i wyjaśnia 26,77% z nich. Współczynnik Cronbacha Alfa w tej podskali został odkryty jako 0, 85. Drugim czynnikiem jest "Struktura pracy", co wyjaśnia 24,41% tego współczynnika. Ma on 6 pozycji (9, 10, 12, 13, 14, 15), a Współczynnik Cronbacha Alfa w tej podskali został odkryty jako 0,82. Niektóre z tych pozycji zostały odwrócone w tej podskali (6, 7, 9, 10, 11, 12, 13, 14 i 15). Ta dwuczynnikowa struktura wyjaśnia 51% całkowitej zmienności. Skala była 5-punktową Likertową, od "Nigdy" do "Większość" z punktem środkowym natury 3. Wewnętrzna spójność postrzeganej skali wsparcia organizacyjnego" została obliczona na dwa sposoby i stwierdzono, że Cronbach Alpha Reliability wynosi łącznie .80.

Cronbach Alpha Reliability został odkryty jako .69 dla podwymaru Rozwój osobisty i 0,81 dla podwymaru Struktura pracy.

W wyniku przeprowadzonej tu analizy pozycji jest ona statystycznie istotna na poziomie .001 dla wszystkich wyników. Wyniki pokazują, że wszystkie pozycje skali są wiarygodne. Wyniki te częściowo weryfikują wyniki Selcuka (2003). Stwierdzono nieznacznie niższą wiarygodność Cronbach Alpha Reliability od pierwotnej skali. Podobne wyniki uzyskano jednak w drugim pod wymiarze.

Skala zaangażowania organizacyjnego nauczycieli (TOCS)
Trzecim instrumentem badań jest "Skala zaangażowania organizacyjnego nauczycieli (TOCS)" opracowana przez Ustunera (2009).Ithas17 pozycji w jednym wymiarze. Wykonano rzetelną statystykę tej skali. Cronbach Alpha Reliabilitywas odkrył.96. Skalę prowadziło 29 nauczycieli w odstępach 2 tygodniowych. Współczynnik korelacji Pearsona został określony jako "r=.88"asaresultoftwo zastosowań.Analiza wykazała, że skala ta jest wiarygodna.

Skala była również 5-punktowa - od "Nigdy" do "Najwięcej", z punktem środkowym natury3 . Dlatego najniższy punkt, który można wziąć 17 i najwyższy85. Najwyższy punkt wykazuje wysokie zaangażowanie organizacyjne, najniższy punkt ujawnia niskie zaangażowanie. Wewnętrzna spójność Skali Zaangażowania Organizacyjnego Nauczycieli została obliczona na dwa sposoby i stwierdzono, że Cronbach Alpha Reliability wynosi łącznie .94. Cronbach Alpha Reliability został odkryty jako .69 dla wymiaruPersonalDevelopmentsub i 0,81 dla podwariantu Struktura pracy. W wyniku przeprowadzonej tu analizy pozycji pozostaje ona istotna na poziomie .001 dla wszystkich wyników statystycznych. Wyniki pokazują, że wszystkie elementy skali są wiarygodne. Weryfikuje to pracę Ustunera (2009). Pozwolenia zostały wydane dla obu skal.

Gromadzenie danych
Dane były zbierane przy pomocy ankieterów. W trakcie zbierania danych, nauczyciele wyrażali zgodę poprzez zapewnienie odpowiedniego miejsca i czasu. Ankiety zostały zebrane w tym samym dniu, w którym zostały dostarczone.

Analiza danych

W badaniu najpierw przeanalizowano dane z częstotliwością i procentem. W drugim etapie wykonano i skomentowano uzupełniające wartości statystyczne podwymiarowej Skali Zaangażowania Organizacyjnego dla Nauczycieli oraz Skali Postrzeganego Wsparcia Organizacyjnego.

T-test i jednokierunkowa analiza ANOVA zostały wykonane w celu wykrycia różnic według kategorycznych niezależnych zmiennych obu skal, a następnie zostały skomentowane. Ostatecznie przeprowadzono analizę wieloregresyjną, a następnie wyznaczono momenty współczynnikowe Pearsona dla niezależnych zmiennych i ich wpływ na nie dla obu skal. Wszystkie testy statystyczne zostały przetestowane na dwa sposoby i przyjęto poziom istotności, 5 poziomów. Do analizy danych wykorzystano SPSS.

USTALENIA

Zmienne demograficzne w badanej grupie 819 osób, z którymi przeprowadzono badania, przedstawiono łącznie w tabeli 1. Około 51,2% nauczycieli wchodzących w skład próby to mężczyźni, a 48,8% to kobiety. Analizując rozmieszczenie nauczycieli, zauważono, że nauczyciele z 11-15 letnim stażem zajmują pierwsze miejsce z 25,5%, a nauczyciele z 6-10 letnim stażem zajmują drugie miejsce z 20,1%. Nauczyciele z 16-20 letnim stażem są reprezentowani przez 16,1%, nauczyciele z 1-5 letnim stażem są reprezentowani przez 15,8%, a nauczyciele z 26 i więcej lat są reprezentowani w tym badaniu przez 13,9%. Jeśli chodzi o zmienną dotyczącą stażu pracy, nauczyciele z 21-25 letnim stażem zajmują ostatnie miejsce (8,5%).79,4% nauczycieli ma czteroletni stopień licencjata. Na kolejnych miejscach znajdują się nauczyciele z dyplomem licencjata z 12,5%. Nauczyciele z wykształceniem podyplomowym i doktorskim są na ostatnim miejscu z 7%. Podczas gdy 53,5% nauczycieli tworzących tę grupę zostało nagrodzonych w swoich zawodach, 46,5% nigdy nie zostało nagrodzonych.

Zmienne demograficzne	*Kategoria*	*F*	*%*
Płeć	Kobieta	400	48.8
	Mężczyzna	419	51.2
Staż zawodowy	1-5 lat	129	15.8
	6-10 lat	165	20.1
	11-15 lat	209	25.5
	16-20 lat	132	16.1
	21-25 lat	70	8.5
	26 lat i więcej	114	13.9
Status edukacyjny	Stopień partnerski	102	12.5
	tytuł licencjata	650	79.4
	tytuł magistra	57	7.0
	Bez odpowiedzi	10	1.2
Status nagrody	Tak	438	53.5
	Nie	381	46.5
Razem		819	100.0

Ustalenia oparte na statystykach opisowych dotyczących postrzeganego wsparcia organizacyjnego i zaangażowania organizacyjnego w badaniu przedstawiono w tabeli 2. W badaniu przeprowadzonym na grupie badanej średnia wsparcia organizacyjnego ogółem wynosi=3,25; średnia wsparcia organizacyjnego dla rozwoju osobistego wynosi=3,14, a średnia wsparcia organizacyjnego dla struktury zatrudnienia wynosi=3,37. Wartości te można przyjąć jako wartość średnią. [(5-1=44/5=,80 1-1,80 zakres jest niski 1,81 - 2,61 zakres jest poniżej średniej, 2,62-3,42 zakres jest średni, 3,43-4,23 zakres jest powyżej średniej, 4,24-5,00 zakres jest wysoki)].

Jednak postrzeganie przez nauczycieli cech wsparcia organizacyjnego dla "struktury pracy" jest wyższe niż postrzeganie przez nich wsparcia organizacyjnego dla "rozwoju osobistego". Nauczyciele uważają, że wsparcie organizacyjne dla "rozwoju osobistego" jest niższe niż wsparcie organizacyjne dla "struktury pracy". Zaangażowanie organizacyjne nauczycieli szkół podstawowych wchodzących w skład próby wynosi około = 3,22). Ponadto, cechy zaangażowania organizacyjnego nauczycieli szkół podstawowych są niższe niż postrzegane wsparcie organizacyjne. Innymi słowy, poziom wsparcia organizacyjnego dla nauczycieli nie stworzył zaangażowania organizacyjnego na tym samym poziomie wśród nauczycieli. Fakt, że wsparcie organizacyjne jest ukierunkowane bardziej na strukturę pracy niż na rozwój osobisty, mógł doprowadzić do takiego postrzegania nauczyciela. Dlatego też nauczyciele chcą, aby wraz z nimi wspierane były ich aspekty rozwoju osobistego.

Nieistotne testy grupowe "t" i jednokierunkowa analiza wariancji (ANOVA) zostały utworzone i zinterpretowane w celu określenia różnic średnich pomiędzy "Perceived Organizational Support Scale" i "Organizational Commitment Scale for Teachers" zgodnie z kategorycznymi niezależnymi zmiennymi zebranymi w ramach badania. Wyniki przedstawiono w tabeli 3. Statystycznie istotne różnice nie zostały stwierdzone w nieistotnym teście grupy "nie" wykonanym dla całości i pod-wymiarowej skali "Skali postrzeganego wsparcia organizacyjnego" według zmiennych niezależnych od płci nauczycieli. Charakterystyka wsparcia organizacyjnego postrzegana przez kobiety $\bar{x}$= 3,28) i mężczyzn ($\bar{x}$= 3,23) nauczycieli była taka sama. Jednak jeśli spojrzeć na średnią punktową, poziom percepcji nauczycieli płci żeńskiej jest wyższy niż męskiej, natomiast poziom percepcji nauczycieli płci żeńskiej i męskiej odpowiada sobie w wymiarze "rozwoju osobistego".

Tabela 2: Nauczycielska "Skala postrzeganego wsparcia organizacyjnego" i "Skala zaangażowania organizacyjnego dla opisowych wyników statystycznych nauczycieli

Wagi	*Podwymiarowy*	*N*	$\bar{x}$	*Ss*
Postrzegana skala wsparcia organizacyjnego Ogółem	Rozwój osobisty	819	3.25	.59
	Struktura zatrudnienia	819	3.14	.57
		819	3.37	.82
Skala zaangażowania organizacyjnego Ogółem		819	3.22	.81

Tabela 3: Nieistotne wyniki testu grupowego "t" wykonane dla całości i pod-wymiarów "Skali postrzeganego wsparcia organizacyjnego" i "Skali zaangażowania organizacyjnego nauczycieli" według zmiennej płci nauczycieli

Wagi	*Podwymiarowy*	*Płeć*	*N*	$\bar{x}$	*ss*	*T*	*Sd*	*P*
Wsparcie organizacyjne Ogółem		Kobieta	400	3.28	.58	1.31	817	.188
		Mężczyzna	419	3.23	.59			
	Osobisty	Kobieta	400	3.14	.56	.05	817	.955
	rozwój	Mężczyzna	419	3.14	.57			
	Struktura	Kobieta	400	3.42	.81	1.84	817	.065

	zatrudnienia							
		Mężczyzna	419	3.32	.83			
Zaangażowanie organizacyjne		Kobieta	400	3.14	.82	-2.64	817	.008**
Razem		Mężczyzna	419	3.29	.79			

Statystycznie istotna różnica na poziomie.01 została stwierdzona w nieistotnym teście grupowym "t" wykonanym dla całkowitej średniej punktowej "Skali zaangażowania organizacyjnego" zgodnie ze zmienną płci nauczycieli tworzących próbę. Poziomy zaangażowania organizacyjnego nauczycieli płci męskiej ($\bar{x}$ = 3,29) są w znacznym stopniu wyższe niż nauczycieli płci żeńskiej ($\bar{x}$ = 3,14). Można to interpretować jako wynik większej ilości pracy kobiet poza organizacją, takiej jak prace domowe i opieka nad dziećmi, a tym samym mniejszej identyfikacji z organizacją niż mężczyzn. Poza tym, można sądzić, że nauczyciele w szkole, na co zwracają uwagę, a co za tym idzie, nie identyfikują się z organizacją.

Statystycznie istotne różnice na poziomie .05 znaleziono przynajmniej w teście ANOVA dla wszystkich i pod-wymiarów "Perceived Organizational Support Scale" zgodnie ze zmienną stażu zawodowego nauczycieli. Wyniki zostały przedstawione w tabeli 4. Ponieważ cechy stażu zawodowego nauczycieli uległy zmianie, cechy wsparcia organizacyjnego, które postrzegali, również uległy odpowiedniej zmianie. Jednak sytuacja nie jest taka sama w przypadku cech wariancji całkowitej i podwymiarowej skali. Istotnych różnic nie stwierdzono w teście Levene'a wykonanym dla "Perceived Organization-al Support Scale" wariancji całkowitej i sub-wymiarowej.

Zmienna staż pracy zawodowej nauczycieli wskazuje, że całkowita wariancja postrzeganego wsparcia organizacyjnego ogółem wynosi 1,5%; całkowita wariancja postrzeganego wsparcia organizacyjnego dla "rozwoju osobistego" wynosi 2,3%, a całkowita wariancja postrzeganego wsparcia organizacyjnego dla "struktury zatrudnienia" wynosi 2,2%. Po uzyskaniu znaczącej różnicy w teście "F" uruchomiono techniki post-hoc w celu określenia różnic pomiędzy podwójnymi kategoriami. Test Scheffe został wykonany jako technika post-hoc, ponieważ istotne różnice nie zostały stwierdzone w teście Levene'a.

W tym przypadku ogólna charakterystyka wsparcia organizacyjnego postrzeganego przez nauczycieli z 1-5-letnim stażem pracy (=3,41) jest wyższa na poziomie znaczącym od tych z 16-20 letnim stażem pracy (=3,15). Ponownie, ogólna charakterystyka wsparcia organizacyjnego dla "struktury zatrudnienia" postrzeganego przez nauczycieli z 1-5-letnim stażem pracy (=3,61) jest wyższa na poziomie znaczącym niż nauczycieli z 16-20 latami (=3,22) i 26 latami oraz większym stażem pracy (=3,24). Statystycznie istotne różnice nie zostały znalezione w porównaniach parami w pod-wymiarze "rozwój osobisty", ponieważ test Scheffe ma bardzo dużą wrażliwość na błąd typu alfa. 3587

Różnica statystycznie istotna na poziomie 001 została stwierdzona w teście ANOVA wykonanym dla sumy punktów "Skali zaangażowania organizacyjnego" zgodnie ze zmienną stażu zawodowego nauczycieli wchodzących w skład próby. W miarę jak zmieniały się cechy stażu zawodowego nauczycieli, zmieniały się także cechy zaangażowania organizacyjnego, które postrzegali jako istotne. Zmienna stażu zawodowego nauczycieli pokazuje, że całkowita wariancja całkowitego zaangażowania organizacyjnego wynosi 1,5%, całkowita wariancja postrzeganego wsparcia organizacyjnego dla "rozwoju osobistego" wynosi 2,3%, a całkowita wariancja postrzeganego wsparcia organizacyjnego dla "struktury zatrudnienia" wynosi 2,2%. Zmienna staż pracy zawodowej nauczycieli wskazuje, że całkowita wariancja całkowitego zaangażowania organizacyjnego wynosi 3,6%.

Poziom zaangażowania organizacyjnego nauczycieli z 26-letnim i dłuższym stażem pracy (=3,50) jest wyższy na znacznym poziomie niż nauczycieli z 6-10 letnim stażem pracy (p<,001).

Tabela 4: Wyniki ANOVA dla sumy i pod-wymiarów "Skali postrzeganego wsparcia organizacyjnego" i "Skali zaangażowania organizacyjnego dla nauczycieli" według zmiennej dotyczącej stażu zawodowego.

Wagi	*Podwymiarowy*	*Staż zawodowy*	*N*	*X*	*Sd*	*Levene*	*F*	*pEta plac*
Organizacyjny		1-5 lat	129	3.41	.62	2.00	3.64	.003** .015
Wsparcie Razem		6-10 lat	165	3.18	.58			
		11-15 lat	209	3.30	.63			
		16-20 lat	132	3.15	.53			
		21-25 lat	70	3.30	.53			
		26 lat więcej	114	3.20	.54			
		Razem	819	3.25	.59			
	Osobisty					2.03	2.43	.033* .023
	Rozwój	1-5 lat	129	3.21	.62			
		6-10 lat	165	3.03	.55			
		11-15 lat	209	3.18	.60			
		16-20 lat	132	3.07	.54			
		21-25 lat	7 0	3.21	.55			
		26 lat i więcej	114	3.16	.49			
		Razem	819	3.14	.57			
	Struktura					1.35	3.7	.002 .022

zatrudnienia						8	**	
	1-5 lat	129	3.61	.85				
	6-10 lat	165	3.33	.77				
	11-15 lat	209	3.41	.85				
	16-20 lat	132	3.22	.77				
	21-25 lat	7 0	3.40	.76				
	26 lat i więcej	114	3.24	.87				
	Razem	819	3.37	.82				
Organizacyjny					.85	6.02	.000 ***	.036
Zobowiązanie	1-5 lat	129	3.15	.83				
Razem	6-10 lat	165	2.99	.81				
	11-15 lat	209	3.21	.82				
	16-20 lat	132	3.28	.80				
	21-25 lat	7 0	3.33	.75				
	26 lat i więcej	114	3.50	.73				
Razem		819	3.22	.81				

*p<.05 **p<.01 ***p<.001

($\bar{x}$=2.99) oraz te z 1-5-letnim stażem pracy (p<.05) (=3.15). Może to być spowodowane tym, że nauczyciele z wyższym i niższym stażem pracy mają inne oczekiwania. Nauczyciele z wyższym stażem pracy mogą mieć niskie oczekiwania, podczas gdy nauczyciele z niższym stażem pracy mogą mieć wysokie oczekiwania. Ponadto, czynniki takie jak nawyki lat, wysoki poziom adaptacji organizacyjnej, gwałtowne oczekiwania, biurokratyczna socjalizacja, itp. mogą stanowić podstawę wysokiego zaangażowania. Nie stwierdzono istotnych statystycznie różnic w teście ANOVA wykonanym dla wszystkich i pod-wymiarowych "Postrzeganej Skali Wsparcia Organizacyjnego" w zależności od zmiennej statusu edukacyjnego nauczycieli. Cechy wsparcia organizacyjnego postrzegane przez nauczycieli o różnych poziomach wykształcenia są jednakowe. Po raz kolejny znaczące różnice nie zostały stwierdzone w teście Levene'a wykonanym dla "Perceived Organizational Support Scale" w odniesieniu do wariancji punktowej "Perceived Organizational Support Scale" całkowitej i podwymiarowej. Ustalenia zostały przedstawione w tabeli 5.

Statystycznie istotna różnica na poziomie .05 została stwierdzona w teście ANOVA wykonanym dla sumy punktów "Skali zaangażowania organizacyjnego" według zmiennej statusu edukacyjnego nauczycieli wchodzących w skład próby. Ponieważ poziom wykształcenia nauczycieli zmienia się, cechy zaangażowania organizacyjnego, które postrzegali, również wykazują odpowiednią zmianę. Zmienna statusu edukacyjnego nauczycieli pokazuje, że całkowita wariancja całkowitego zaangażowania organizacyjnego wynosi osiem na tysiąc. W teście scheffe uzyskano ten poziom zaangażowania organizacyjnego nauczycieli.

Tabela 5: ANOVA Wyniki wykonane dla wszystkich i pod-wymiarowych "Skali postrzeganego wsparcia organizacyjnego" i "Skali zaangażowania organizacyjnego nauczycieli" zgodnie ze zmienną statusu edukacyjnego nauczycieli.

Wagi	*Podwymiarowy*	*Staż zawodowy*	*N*	χ	*ss*	*Levene*	*F*	*pEta*	*plac*
Organizacyjny		Associate	102	3.29	.51	1.91	.23	.79 01	.0
Wsparcie		tytuł licencja							

Razem		ta	650	3.25	.60				
		tytuł magistra	57	3.25	.56				
		Stopień Całościowo	809	3.26	.59				
	Rozwój osobisty	Tytuł licencjata	102 650	3.17 3.14	.51 .58	.82	.39	.67	.001
		tytuł magistra	57	3.08	.51				
		Stopień naukowy	809	3.14	.57				
		Razem							
	Struktura zatrudnienia	Tytuł licencjata	102 650	3.42 3.36	.83 .82	.13	.24	.78	.001
		tytuł magistra	57	3.41	.86				
		Stopień	809	3.37	.82				

	Całościowo							
Zaangażowanie organizacyjne Ogółem	Tytuł licencjata	102 650	3.41 3.19	.77 .82	.61	3.37	.035*	.008
	Stopień naukowy majstersztyk	57	3.26	.74				
	Stopień Całościowo	809	3.22	.81				

*p<.05 **p<.01 ***p<.001

z wykształceniem średnim ($\bar{x}$=3,41), są wyższe od nauczycieli z wykształceniem licencjackim (=3,19) (p<.05). Fakt, że nauczyciele z tytułem licencjata mają niższy poziom zaangażowania organizacyjnego niż ich koledzy ze stopniem naukowca stowarzyszonego można wytłumaczyć wysokim poziomem świadomości i oczekiwań, jakie zdobyli dzięki edukacji.

Statystycznie istotne różnice na poziomie .05 stwierdzono tylko w pod-wymiarze "rozwój osobisty" w nieistotnym teście grupowym "t" wykonanym dla całości i pod-wymiarowi "Perceived Organizational Support Scale" według statusu nagrody dla nauczycieli. Wyniki zostały przedstawione w tabeli
W tym przypadku cechy wsparcia organizacyjnego, które wyróżniały nauczycieli postrzeganych jako "osobisty".

Tabela 6: Nieistotne wyniki badania grupy "t"

wykonane dla całości i podwymiarowych wartości "Skali postrzeganego wsparcia organizacyjnego" i "Skali zaangażowania organizacyjnego nauczycieli" zgodnie ze zmienną statusu nagrody dla nauczycieli

Organizacyjny		Tak 438	3.27	.59	.61	817	.539
Wsparcie Razem		Nie 381	3.24	.58			
	Rozwój osobisty	Tak 438	3.18	.56	2.12	817	.034*
		Nie 381	3.01	.57			
	Struktura zatrudnienia	Tak 438	3.35	.83	-.58	817	.559
		Nie 381	3.39	.82			
Organizacyjny		Tak 438	3.33	.78	4.09	817	.000***
Zobowiązanie		Nie 381	3.10	.83			
Razem							

*p<.05 **p<.01 ***p<.001

rozwój" (=3.18) są wyższe na znaczącym poziomie niż nauczyciele, którzy nie zostali nagrodzeni (=3.01) (p<.05). Postrzegane cechy wsparcia organizacyjnego nauczycieli nagrodzonych i nauczycieli nie nagrodzonych w karierze zawodowej są równe w pod-wymiarze "struktura zatrudnienia". Może to wynikać z tego, że nagrodzeni nauczyciele postrzegają nagrodę jako wsparcie dla nich lub jako rezultat takiego wsparcia. Statystycznie istotna różnica na poziomie .001 została zauważona w nieistotnym teście grupowym "t" wykonanym dla "Wsparcia Organizacyjnego", którego suma punktów jest średnia wieku. Poniżej, poziom zaangażowania organizacyjnego nauczycieli wyróżnionych w swojej karierze zawodowej (=3,33), jest wyższy na poziomie znaczącym niż nauczycieli nie wyróżnionych (=3,10). Postrzeganie przez nauczycieli nagrody przyznanej im jako organizacji doceniającej, uznającej, lubiącej i uhonorowującej ich może zwiększyć ich zaangażowanie organizacyjne.

Dyskusja

W badaniach analizuje się ogólne postrzeganie przez nauczycieli udzielanego im wsparcia organizacyjnego i ich zaangażowanie organizacyjne; analizuje się, czy postrzeganie przez nauczycieli wsparcia organizacyjnego i ich zaangażowania organizacyjnego wykazuje różnice w zależności od różnych zmiennych, czy też nie, oraz analizuje się wpływ wsparcia organizacyjnego udzielanego nauczycielom na ich zaangażowanie organizacyjne, a wyniki analizuje się i omawia zgodnie z kolejnością problemów badawczych.

Nauczyciele znajdują wsparcie organizacyjne na poziomie "średnim". O ile wynik ten pokrywa się bezpośrednio z wynikami badań Ozdemira (2010) i Egriboyuna (2014), to pokrywa się on pośrednio z wynikami badań Ozdevecioglu (2003). Według badań Nartgun-Sezgin i Kalaya (2014), nauczyciele stwierdzili, że byli wspierani przez ich organizacje na wysokim poziomie. Z drugiej strony, widać, że cechy zaangażowania organizacyjnego nauczycieli są na poziomie "średnim".
Poziom też. Wynik ten jest zgodny z wynikami Atika i Us- tunera (2014). Biorąc pod uwagę, że zaangażowanie administratorów, którzy powinni wspierać nauczycieli w celu poprawy ich zaangażowania organizacyjnego jest niskie (Bozdemir i Yolcu 2014), wynik ten nie jest bardzo zaskakujący. W świetle badań Aslana, Agiroglu-Bakira (2014), Topaloglu et al. (2008)

oraz Karatas i Gules (2010), wynik był na "wysokim" poziomie. Zaobserwowano, że z podobnych badań na różnych polach dotyczących tego tematu uzyskano różne wyniki. Można powiedzieć, że sposoby obliczania punktów uzyskanych z zastosowanych w badaniach przyrządów pomiarowych (na podstawie podskal i punktów całkowitych) spowodowały to zróżnicowanie. Oczekuje się w tym badaniu, że wśród nauczycieli powstanie percepcja wsparcia i zaangażowania powyżej poziomu "średniego".

W związku z tym konieczne jest zwiększenie wsparcia organizacyjnego udzielanego nauczycielom pod względem jakościowym i ilościowym, podniesienie poziomu pozytywnej percepcji nauczycieli w odniesieniu do organizacyjnego supermocarstwa, a co za tym idzie, zwiększenie ich zaangażowania organizacyjnego. Wiadomo, że nauczyciele o wysokim zaangażowaniu organizacyjnym mają wysoką wydajność i produktywność. Postrzeganie przez nauczycieli charakterystyki organizacyjnej "struktury pracy" jest na wyższym poziomie niż ich postrzeganie wsparcia organizacyjnego dla "rozwoju osobistego". W tym przypadku można sądzić, że ma to wpływ na to, że nauczyciele uważają poziom wsparcia organizacyjnego dla "struktury pracy" za wyższy niż poziom wsparcia organizacyjnego dla "rozwoju osobistego". W tym przypadku konieczne jest zwiększenie jakości i ilości wsparcia udzielanego na rzecz "rozwoju osobistego", aby zwiększyć zaangażowanie nauczycieli w ich organizacje. Można założyć, że lukę w tej kwestii można wypełnić badając, jakiego rodzaju wsparcia potrzebują nauczyciele dla "rozwoju osobistego" i jaki wpływ może ono mieć na ich zaangażowanie organizacyjne w przypadku zaspokajania ich potrzeb. Poza tym widać, że cechy zaangażowania organizacyjnego nauczycieli są średnio na niższym poziomie, biorąc pod uwagę wsparcie organizacyjne, które postrzegają. Innymi słowy, poziom wsparcia organizacyjnego udzielanego nauczycielom nie tworzy zaangażowania organizacyjnego na tym samym poziomie. Jednak ogólnie przyjęte podejście jest takie, że wsparcie organizacyjne udzielane pracownikom zwiększy ich zaangażowanie organizacyjne. Rezultat nie potwierdza tego podejścia.

Zgodnie ze zmienną płci nauczycieli, patrząc na status zaangażowania organizacyjnego, widać, że poziom zaangażowania organizacyjnego nauczycieli płci męskiej jest wyższy niż nauczycieli płci żeńskiej. Wynik ten jest zgodny z wynikami badań Aslana i Agiroglu-Bakira (2014), a także Angle'a i Perry'ego (1981), Fresko i in. (1997) oraz Mathieu i Zajaca (1990). W tych badaniach wymienionych naukowców poziom zaangażowania organizacyjnego kobiet jest wyższy niż mężczyzn. W niektórych ponownych badaniach stwierdzono, że nie ma związku między zaangażowaniem organizacyjnym a zmiennością płci (Karatas i Gules 2010; Selcuk 2003; Selvitopu i Sahin 2013; Nartgun-Sezgin i Kalay 2014; Atik i Ustuner 2014; Topaloglu i in. 2008).

W badaniu można przewidzieć, że na tak wysoki poziom percepcji wśród nauczycieli płci męskiej może mieć wpływ wykorzystanie przez nich elementów wiążących ich z organizacją, innymi słowy, wsparcie udzielane przez organizację. W tym przypadku można powiedzieć, że oczekiwania kobiet nie mogą być wystarczająco spełnione przez ich organizacje. Fakt, że zdecydowana większość personelu administracyjnego szkół podstawowych to mężczyźni, stanowi oczywiście swego rodzaju przeszkodę w próbach podejmowanych przez nauczycielki.
Zgodnie ze zmienną dotyczącą stażu zawodowego nauczycieli, ogólna charakterystyka wsparcia organizacyjnego postrzeganego przez nauczycieli z 1-5-letnim stażem pracy jest wyższa na znacznym poziomie niż w przypadku nauczycieli z 16-20 letnim stażem pracy. Wynik ten pokrywa się pośrednio z wynikami badań Selcuka (2003). Również w tym badaniu poziom percepcji nauczycieli z mniejszym stażem pracy jest wyższy niż nauczycieli z większym stażem pracy. W tym przypadku poziom wsparcia, jaki nauczyciele z większym stażem pracy chcą uzyskać od swojej organizacji, jest wysoki i nie może być osiągnięty przez ich organizacje. Z drugiej strony, poziom zaangażowania organizacyjnego nauczycieli z 26-letnim i dłuższym stażem pracy jest wyższy niż nauczycieli z 1-5-letnim stażem pracy oraz nauczycieli z 6-10 letnim stażem pracy. W miarę jak zmieniają się cechy stażu zawodowego nauczycieli, zmieniają się również ich cechy zaangażowania organizacyjnego. Wynik ten pokazuje zgodność z wynikami badań Aslana i Agiroglu-Bakira (2014), Selvitopu i Sahin (2013) oraz Topaloglu i innych (2008).

W badaniach przeprowadzonych przez kilku badaczy na ten sam temat stwierdzono, że nie ma związku między zaangażowaniem organizacyjnym a zmienną stażu pracy (Karatas i Gules 2010; Kursunoglu i in. 2010; Nartgun-Sezgin i Kalay 2014). Kiedy dokonuje się przeglądu literatury na temat podobnych badań w ogóle, widać, że poziom zaangażowania organizacyjnego nowych nauczycieli jest wysoki i na przestrzeni lat doświadcza się znacznych spadków poziomu ich zaangażowania, a w ostatnich latach ich kariery zawodowej następuje wzrost poziomu zaangażowania, nawet jeśli jest to tylko wskazówka.

Zgodnie ze zmienną statusu edukacyjnego nauczycieli, postrzegane cechy wsparcia organizacyjnego nauczycieli o różnych poziomach wykształcenia są jednakowe. Wynik ten jest poparty wynikami badań Selcuka (2003).

Jednak poziom zaangażowania organizacyjnego nauczycieli z wykształceniem średnim jest wyższy na znacznym poziomie niż nauczycieli z wykształceniem licencjackim. Wynik ten nie zgadza się z wynikami badań Dee i innych (2006), ale z wynikami badań Aslana i Agiroglu-Bakira (2014). Analizując zmienną dotyczącą stażu pracy w badaniu, stwierdzono, że poziom zaangażowania organizacyjnego nauczycieli z większym stażem pracy był wyższy niż nauczycieli z mniejszym stażem pracy. W tym kierunku zmierzają nauczyciele z wykształceniem średnim. Dziś absolwenci studiów wyższych należą do grona nauczycieli z dużym stażem pracy, ponieważ nauczyciele od dłuższego czasu są absolwentami wydziałów z tytułem licencjata. Tutaj zaangażowanie organizacyjne nauczycieli z większym stażem pracy i z wykształceniem średnim jest wysokie. Tak więc, zmienna statusu edukacyjnego sprawdziła studia w tym sensie.

Zgodnie ze zmienną statusu nagrody, wsparcie organizacyjne i zaangażowanie organizacyjne, które postrzegają nagrodzeni nauczyciele, są wyższe na znaczącym poziomie niż te, które nie zostały nagrodzone. Podczas gdy Oliver (1990) stwierdza, że nagrody organizacyjne mają silniejszy wpływ na tworzenie zaangażowania organizacyjnego, Chen i in. (2009) wyrażają, że podejście organizacji do nagradzania zwiększa wydajność pracowników indywidualnie. Podobnie jak w przypadku poprzednich ponownych poszukiwań, pracownicy tworzą swoje wyniki pracy zgodnie z moralnymi i materialnymi nagrodami, których oczekują od organizacji (Eisenberger i inni 1986; Stamper i Johlke 2003). Pod tym względem fakt, że pracownik wkłada wiele wysiłku w realizację celów i wartości organizacji, podnosi oczekiwania, które zostaną mu przyznane przez organizację. Wzmacnianie zaangażowania tworzy wysoką wydajność organizacji, ale także wysoką atmosferę i satysfakcję z pracy dla pracowników (Rhoades i Eisenberger 2002). Wymogiem jest, aby organizacja przywiązywała wagę do praktyk, takich jak dostarczanie pomocy socjalnej, zapewnianie możliwości rozwoju kariery i awansu dla pracowników, ponieważ będą one postrzegane przez pracowników jako nagroda. Ponadto, organizacje powinny doceniać swoich pracowników, tworzyć spokojne i komfortowe środowisko pracy, poprawiać warunki pracy, szanować ich myśli, brać pod uwagę ich skargi, dbać o nich, radzić sobie z ich problemami oraz być dumne z ich sukcesu i nagrody. Zaangażowanie organizacyjne jest również faktem opartym na wzajemnych korzyściach pomiędzy pracownikiem a organizacją. W tym przypadku chodzi o to, aby racjonalnie zachować wzajemne oczekiwania.

W badaniu zauważono, że wraz ze wzrostem postrzeganej przez nauczycieli charakterystyki wsparcia organizacyjnego wzrasta również poziom ich zaangażowania organizacyjnego. Wynik ten potwierdzają również inni badacze (Allen i in. 2003; Aselage i Eisenberger 2003; Bishop i in. 2000; Christopher 1994; Egriboyun 2014; Polatci, Ardic i Koc 2014; Iplik i in. 2014; Florencja i Vandenberghe 2003; Fuller i in. 2003; Jeongkoo i Thye 2002; Liden i Arad 1996). Eisenberger et al. (1990) proponują, aby pracownicy rozwijali ogólne przekonania zgodnie z kwantem sup-portu, który otrzymują od nich. Pracownicy, którzy zdają sobie sprawę, że są wspierani przez swoje organizacje, mają możliwość poczucia wdzięczności za swoją organizację i reakcji poprzez zaangażowanie. Co więcej, postrzegane wsparcie organizacyjne stało się znaczącym wyznacznikiem zaangażowania organizacyjnego (Bishop i in. 2000; Jeongkoo i Thye 2002). W organizacjach wspierających pracownicy mają oczekiwania, że zostaną wynagrodzeni za swoje wysiłki i w tym celu łączą swoją tożsamość organizacyjną z własną tożsamością. Poza tym, pracownicy, którzy zawsze czują wsparcie powstania tuż obok siebie, przybijają swoje ramiona do koła.

Choć można przypuszczać, że istnieje wiele zmiennych wpływających na zaangażowanie organizacyjne, to jednak rozumie się, że 32,4% zaangażowania organizacyjnego tłumaczy się w tym badaniu postrzeganym wsparciem organizacyjnym dla "rozwoju osobistego" i "struktury pracy".

Wynik ten jest wyższy od wyniku, który Selcuk (2003) i Ozdevecioglu (2003) znaleźli w podobnym przedmiocie w różnych organizacjach zawodowych. Ujawniono tutaj, że cechy wsparcia organizacyjnego są ważną zmienną przewidującą zaangażowanie organizacyjne nauczycieli.

Ponadto, stopień postrzeganego wsparcia organizacyjnego pomaga nam również ocenić poziom zaangażowania organizacyjnego nauczycieli. Jest zatem oczywiste, że organizacje muszą przywiązywać wagę do praktyk wspierających, zwłaszcza w zakresie "rozwoju osobistego" i "struktury pracy", aby zwiększyć zaangażowanie organizacyjne nauczycieli.

W badaniu stwierdzono, że "rozwój osobisty", jeden z elementów wsparcia organizacyjnego, ma pozytywny wpływ na zmienną zaangażowania organizacyjnego. Wynik ten jest również wspierany przez kilku naukowców (Allen i in. 2003; Bishop i in. 2000; Jeongkoo i Thye 2002; Kaplan i Ogut 2012; Kose i Gonulluoglu 2010; Piercy i in. 2006; Turunc i Celik 2010). W tym miejscu pojawia się znaczenie wspierających praktyk organizacji dla "rozwoju osobistego" pracowników. Pracownik, którego potrzeby rozwoju osobistego są wspierane, czuje się bardziej zależny od swojej pracy i organizacji. Pracownik sumienny ma silniejsze pragnienie przynależności do organizacji poprzez utożsamianie się z celami i wartościami organizacji oraz jest skłonny do większej ilości zachowań organizacyjnych (Nehmeh 2009). Kształtowanie zaangażowania organizacyjnego jest jedną z najważniejszych praktyk w zakresie ochrony istot organizacji. Ponieważ osoby z zaangażowaniem organizacyjnym pracują bardziej harmonijnie, bardziej produktywnie, z wysokim poczuciem odpowiedzialności i powodują mniejsze koszty dla organizacji (Balci 2003). Fakt, że organizacja wspiera rozwój osobisty pracownika, a pracownik poświęca się swojej pracy i identyfikuje się z nią, wzmocni zaangażowanie organizacyjne. Zaangażowanie organizacyjne nauczycieli, których rozwój osobisty jest wspierany, powinno wzrosnąć. Aby zwiększyć zaangażowanie organizacyjne wśród nauczycieli, ważne jest, aby organizacja wykonała kilka czynności, takich jak zapewnienie im zaplecza edukacyjnego, umożliwienie im udziału w procesach decyzyjnych dotyczących ich samych, wspieranie pomocy społecznej, docenianie wkładu w powstanie, dbałość i zauważanie ich wysiłków, przekazywanie informacji zwrotnych dotyczących ich pracy oraz okazywanie zainteresowania.

Jeden z komponentów organizacyjnego sup-portu, "Struktura zatrudnienia", ma negatywny wpływ na zmienną zaangażowania organizacyjnego. Mianowicie, wspierająca praktyka w zakresie struktury stanowisk pracy ma negatywny wpływ na zaangażowanie organizacyjne pracowników. Wynik ten jest poparty pośrednio badaniami Selcuka (2003), Kose i Gonulluoglu (2010). W tym przypadku wymaga się, aby organizacje stosowały bardziej uważną strategię w zakresie bezpieczeństwa pracy, konieczności i otwartości pracy, dostaw sprzętu do pracy, obciążenia pracą i posiadania polityki wobec pracowników. Osoby indywidualne uznają swoją pracę za sensowną, gdy postrzegają ją jako lepszą, użyteczną i dającą satysfakcję.

W tym przypadku ważne jest, aby struktura pracy miała odpowiednią jakość, którą należy rozwijać i wzbogacać, ponieważ tego rodzaju prace ukierunkowują pracowników na znalezienie większej ilości zasobów fizycznych, umysłowych i emocjonalnych oraz zwiększają ich zdolności twórcze (Brown i Leigh 1996). W ten sposób, podczas gdy praca staje się znacząca dla pracownika, oczekuje się pozytywnych zmian w jego postrzeganiu tej kwestii.

Wniosek

W badaniu przeprowadzonym w celu ustalenia, czy ogólne postrzeganie przez nauczycieli otrzymywanego wsparcia organizacyjnego i zaangażowania organizacyjnego różni się w odniesieniu do niektórych zmiennych, nauczyciele oceniali poziom otrzymanego wsparcia organizacyjnego jako "średni", a także wskazywali cechy zaangażowania organizacyjnego jako "średnie". Wsparcie organizacyjne dla "struktury pracy" postrzegane przez nauczycieli było wyższe niż postrzegane wsparcie organizacyjne dla "samorozwoju".

Jeśli chodzi o zmienną płci, postrzegane przez nauczycieli cechy wsparcia organizacyjnego kobiet i mężczyzn były równe, natomiast jeśli chodzi o zaangażowanie organizacyjne, poziom zaangażowania organizacyjnego nauczycieli był wyższy niż nauczycieli płci żeńskiej. W przypadku zmiennej dotyczącej długości trwania zawodu poziom wsparcia organizacyjnego postrzegany przez nauczycieli o niższym stażu pracy był istotnie wyższy niż poziom zaangażowania organizacyjnego nauczycieli o wyższym stażu pracy, natomiast poziom zaangażowania organizacyjnego nauczycieli o wyższym stażu pracy był istotnie wyższy niż nauczycieli o niższym stażu pracy. Poziom postrzeganego wsparcia organizacyjnego był jednakowy wśród wszystkich nauczycieli o różnych poziomach wykształcenia, natomiast zaangażowanie organizacyjne nauczycieli ze stopniem naukowym współpracownika było istotnie wyższe niż nauczycieli ze stopniem licencjata. Cechy wsparcia organizacyjnego i zaangażowania organizacyjnego nauczycieli, którzy otrzymali nagrody, były znacznie wyższe od tych, którzy nie otrzymali żadnych nagród.

Wraz ze wzrostem poziomu postrzeganego wsparcia organizacyjnego nauczycieli, wzrósł również poziom ich zaangażowania organizacyjnego. Chociaż uważa się, że istnieje kilka zmiennych, które mogą wpływać na zaangażowanie organizacyjne, w niniejszym badaniu rozumie się, że 32,4% zaangażowania organizacyjnego tłumaczy się postrzeganym wsparciem organizacyjnym na rzecz "samorozwoju" i "struktury pracy". Również w tym badaniu "samodoskonalenie" związków wsparcia organizacyjnego ma pozytywny wpływ kierunkowy na zmienną zaangażowania organizacyjnego, natomiast "struktura pracy" ma negatywny wpływ kierunkowy na zaangażowanie organizacyjne.

Zalecenie

Aby jeszcze bardziej zwiększyć poziom organizacyjny nauczycieli, należy zwiększyć ich zaangażowanie, zarówno pod względem jakościowym, jak i ilościowym, a także wspierać ich w wielu aspektach. Szczególny nacisk należy położyć na pracę wspierającą, która pomaga nauczycielom w ich samorozwoju. Ponadto należy wziąć pod uwagę twórcze pomysły, sugestie i krytykę ze strony nauczycieli, stworzyć skuteczny system komunikacji i nagradzania oraz przyjąć postawę partycypacyjną. Z drugiej strony należy wspierać nauczycielki, aby zwiększyć ich zaangażowanie organizacyjne w sposób jak najbardziej odpowiadający ich potrzebom.

Przegląd

- W badaniu tym badano wpływ wsparcia organizacyjnego dla nauczycieli na ich zaangażowanie organizacyjne.
- Dane wykorzystane w badaniu zostały zebrane przy użyciu kwestionariusza, który został już zatwierdzony przez wcześniejszych badaczy.

- Badanie wykazało, że nauczyciele postrzegają wsparcie organizacyjne, a zaangażowanie organizacyjne jest na umiarkowanym poziomie.
- Wykazano, że im bardziej wzrasta postrzeganie wsparcia organizacyjnego nauczycieli, tym większe jest ich zaangażowanie.

Krytyka

- Wsparcie organizacji w odróżnieniu od zaangażowania było w tym badaniu wąsko pojęte.
- Dodatkowo, zawężając definicję wsparcia organizacyjnego, ważne konstrukcje mogą zostać prawdopodobnie pominięte.
- W badaniu nie stwierdzono również, że inne zmienne, takie jak zadowolenie z pracy, mogą łagodzić postrzegany związek pomiędzy wsparciem organizacyjnym a zaangażowaniem.
- Ponadto wątpliwa jest stosowność korelacji w celu określenia, w jaki sposób wsparcie organizacyjne wpływa na zaangażowanie. Korelacja mówi tylko, że istnieje związek, ale czy to wsparcie organizacyjne lub zaangażowanie wpływa na inne, nie można go zaobserwować na podstawie korelacji.

Opinie

- Badanie powinno było rozszerzyć definicję wsparcia organizacyjnego i uwzględnić w pomiarze inne istotne konstrukcje.
- Badanie powinno wykazać, w jaki sposób przyszli naukowcy mogliby zastosować metodologie i ramy w powtórzonym badaniu również połączyć te dwie zmienne: wsparcie organizacyjne i zaangażowanie nauczycieli.
- Jako badanie przyczynowo-skutkowe można by oczekiwać, że w badaniu tym zostanie zastosowana technika regresji, a nie korelacji.
- W badaniu oczekiwano, że inne zmienne, takie jak zadowolenie z pracy, mogą złagodzić postrzegany związek pomiędzy wsparciem organizacyjnym a zaangażowaniem.

2.6 STRESZCZENIE

Przegląd literatury przybliżył podstawy studium, które koncentruje się na szkołach wyższych w Ghanie. Zauważono, że dla wypełnienia podstawowego zadania, dla którego powołano te kolegia, istnieje większa potrzeba oceny zaangażowania nauczycieli. Poprzez rozwój studiów i teorii, na których się one opierają, zaobserwowano, że wsparcie organizacyjne i satysfakcja z pracy nauczycieli są w znacznym stopniu związane z zaangażowaniem. Myślenie historyczne i warsztaty pokazują, że jest więcej miejsca na poprawę w zakresie wsparcia organizacyjnego i satysfakcji z pracy jako czynnika sprzyjającego zaangażowaniu pracowników.

ROZDZIAŁ TRZECI. METODYKA BADAWCZA

3.0 CELE

Niniejszy rozdział ma na celu omówienie metodologii związanej z badaniem. Przedstawiono w nim wybrane istotne metodologie i techniki, uzasadniając ich przydatność dla celów badania, hipotez i pytań badawczych. Rozdział pogłębia zrozumienie planu badań, zapewnia miejsce na porównanie z innymi wcześniejszymi badaniami, a jednocześnie zwiększa możliwości powielania badań w przyszłości (Pallant, 2007).

Rozdział ten obejmuje również dyskusje i porównanie mocnych i słabych stron, podobieństw i różnic istniejących między wybraną metodologią badania a innymi, zapewniając spójność z przyjętą praktyką akademicką (Tabachnick i Fidell, 2007). Rozdział ten obejmuje dyskusje na temat podejścia do badań, projektowania badań, populacji badanej, próby i procedury doboru próby, projektowania instrumentów, pretestu, testowania wiarygodności, etyki badań, analizy danych i ograniczeń badania.

3.1 PROJEKT BADAWCZY

Projekt badawczy stanowi ramy, plan i strukturę prowadzenia badań nad danym zjawiskiem i umożliwia badaczowi uzyskanie odpowiednich odpowiedzi na opracowane pytania badawcze i sprawdzalne hipotezy (Kerlinger, 1986). Jest to zatem projekt, który nakreśla procesy lub procedury pomiarów, zbierania danych i ich analizy.

Chociaż istnieje wiele różnych typów projektów badawczych, nie wszystkie projekty badawcze są odpowiednie dla każdego badania. Zasugerowano, że badacze oceniają przydatność i adekwatność dostępnych projektów badawczych do swoich badań, analizując kluczowe parametry, takie jak wybrane podejście badawcze, poziom badań, możliwe do sprawdzenia hipotezy i ukierunkowanie badania (Anlo, 2012; Creswell, 2010). Ponownie uważa się, że podejście ilościowe wymaga projektu zdolnego do obsługi danych liczbowych.

Dlatego w niniejszym opracowaniu wykorzystano objaśniający projekt ankiety. Projekt badania jest rodzajem projektu badawczego, który polega na zbieraniu i analizie dużej ilości danych ilościowych i otwartych danych z dużej populacji poprzez wykorzystanie statystyk opisowych i infekcyjnych (Tabachnick i Fidell, 2007). Są one popularną i autorytatywną strategią badawczą, zapewniającą badaczom większą kontrolę nad procesem badawczym.

Innym uzasadnieniem dla wybranej koncepcji badania wyjaśniającego jest pomoc w wyjaśnieniu wyników badania i uogólnienie wyciągniętych wniosków. Można to osiągnąć, gdy istnieje potrzeba porównania i analizy odpowiedzi ze standardowych kwestionariuszy za pomocą statystyk opisowych i infekcyjnych, które dobrze pasują do projektu badania wyjaśniającego (Saunders, Lewis i Thornhill, 2007). Kolejnym powodem wyboru projektu badania wyjaśniającego jest fakt, że większość wcześniejszych badaczy poddanych przeglądowi stosuje ten projekt.

Projekt ten jest stosowany do tego badania poprzez zaprojektowanie i ustrukturyzowanie badania w taki sposób, aby przyjąć instrument zdolny do wytwarzania dużych próbek danych liczbowych w całej populacji docelowej. Instrument przyjęty w ten sposób w ramach tego badania ma być zgodny z potrzebami badania, wymogami dotyczącymi danych i pomiaru badanych zmiennych. Zwiększyłoby to również wymaganą spójność między podejściem badawczym a planem badań.

3.2 WZGLĘDY ETYCZNE

Względy etyczne stopniowo stają się normą w ludzkich staraniach. W badaniach naukowych etyka badawcza jest nieunikniona. Etyka badawcza może być opisana jako słuszność postępowania badacza w odniesieniu do praw uczestników badań lub tych, którzy są lub mogą być dotknięci przez badania lub stać się przedmiotem badania lub pracy badacza (Saunders, Lewis i Thornhill, 2000, s. 130). Saunders i in. , (2000; 130) przedstawili kilka istotnych zasad etyki badawczej, które powinny być przestrzegane przy prowadzeniu badań. Niniejsze opracowanie jest zgodne z takimi wytycznymi.

Zgodnie z wytycznymi, niniejsze badanie wyjaśnia respondentom lub uczestnikom wyraźnie charakter badań i cel wymaganych danych. Wyjaśnia również, że uczestnictwo jest dobrowolne, a uczestnicy mają również prawo do rezygnacji z kontynuowania procesu badawczego. Badanie zapewnia również tym respondentom ich prywatność oraz to, jak poufne są dane.

Ponadto w badaniu podkreślono uczestnikom, że mają oni prawo do poufności i anonimowości. Wyjaśniono również uczestnikom, że wszelkie dane dostarczone przez nich w ten sposób będą miały zastosowanie wyłącznie w celu przeprowadzenia badania. Badanie zapewnia również, że nie ma żadnych przeszkód w administrowaniu i odpowiadaniu na kwestionariusze, ponieważ uczestnicy otrzymują najbardziej odpowiedni czas. Ściśle przestrzega się również kwestii etycznych w sprawozdawczości. W żadnym wypadku badacz nie będzie przygotowywał danych na poparcie wniosków wyciągniętych w tym badaniu.

3.3 METODY BADAWCZE

Jest to kontekst badawczy nazywany podejściem badawczym lub paradygmatem badawczym. Trzy główne podejścia badawcze do prowadzenia badań to podejście jakościowe, ilościowe i mieszane (Creswell, 2009; Yates, 2004). Podejście jakościowe opiera się na systematycznych protokołach. To podejście badawcze polega na subiektywnej ocenie postawy, opinii i postępowania (Kothari, 2004, s. 5). Podejście to daje wyniki albo w postaci nieilościowej, albo w formie narracji. Ogólnie rzecz biorąc, w jakościowym podejściu badawczym dane do badania zbierane są za pomocą pytań otwartych lub wywiadów, które dają bezpośrednie potwierdzenie (Bryman i Bell, 2007, s. 11).

Z drugiej strony, ilościowe podejście badawcze wykorzystuje przede wszystkim twierdzenia postpozytywistów w rozwoju wiedzy. Podejście ilościowe obejmuje myślenie przyczynowo-skutkowe, ograniczenie do konkretnych zmiennych i hipotez oraz pytań, stosowanie pomiarów i obserwacji oraz testowanie teorii), wykorzystuje badania strategiczne, takie jak eksperymenty i badania w celu zebrania danych na temat wcześniej ustalonych instrumentów, które dostarczają danych statystycznych (Creswell, 2009).

Podejście ilościowe i procedury analityczne są wykorzystywane poprzez opracowanie odpowiednich i sprawdzalnych hipotez i teorii, które stanowią podstawę do uogólnienia wyników. Jest ono często stosowane w naukach przyrodniczych i przydatne, gdy badanie wymaga znormalizowanej analizy numerycznej i testowania hipotez, aby odpowiedzieć na pytania badawcze i odpowiedzieć na cele badawcze. Podejście mieszane jest połączeniem tych dwóch podejść badawczych.

Zarówno jakościowe, jak i ilościowe podejście do badań ma swoje mocne i słabe strony. Podejście jakościowe poprawia zrozumienie złożonych zjawisk badawczych i zapewnia stałą kontrolę nad zakresem i tempem badań (Yates, 2004). Podejście jakościowe jest jednak czasochłonne i nieco kosztowne, ponieważ opiera się na stosunkowo małych próbach, co sprawia, że wyniki nie są możliwe do generalizacji (Boohene, 2006).

Podejście ilościowe do badań jest bardziej naukowe, łatwiejszą alternatywą, szybszą, umożliwiającą naukową analizę danych statystycznych, uogólnienie wyników badań, wyciąganie logicznych i potwierdzających wniosków w oparciu o wartości liczbowe i porównywalność badań (Crotty, 1998; Amaratunga, Baldry, Sarshar i Newton, 2002). Krytyka podejścia ilościowego do badań polega jednak na stopniu jego sztywności (Crotty, 1998).

Naukowcy zasugerowali, że wybór podejścia badawczego leży w gestii naukowca. Jednak literatura przedmiotu dyktuje, że właściwy wybór podejścia zależy od charakteru badań, potrzeb w zakresie danych i charakteru wymaganych analiz (Boohene, 2006; Creswell, 2009). W niniejszym opracowaniu zastosowano mieszane podejście badawcze. Wymagałoby to zastosowania zarówno procedur jakościowych, jak i ilościowych. Jest to istotne, ponieważ pierwszy cel badania wymaga opracowania modelu zaangażowania pracowników, co można osiągnąć poprzez dokładny przegląd istniejących danych wtórnych i przedstawienie ich w tekście, a nie w liczbach, co sprawia, że dane jakościowe są istotne.

Pozostałe cele wymagają pomiarów numerycznych, co sprawia, że podejście ilościowe staje się głównym podejściem w tym badaniu. Dlatego też, chociaż w badaniu zastosowano zarówno podejście jakościowe, jak i ilościowe, podejście podstawowe ma charakter ilościowy. Wynika to z faktu, że biorąc pod uwagę cel niniejszego badania, analizy numeryczne wymagane do przetestowania hipotez oraz interakcje wymagane między badanymi zmiennymi, jak również opracowane hipotezy możliwe do sprawdzenia, podejście ilościowe uważa się za najbardziej odpowiednie i odpowiednie dla niniejszego badania. Wybór ten umożliwiłby wyciągnięcie wniosków i wniosków, które istnieją w relacjach między badanymi zmiennymi i między nimi.

3.4 BADANA POPULACJA

Badana populacja jest agregacją wszystkich możliwych osób i przedmiotów zainteresowania do badania lub badania (Mason, 2007). Zgodnie z Limem i Tingiem (2012) badana populacja to grupy przybywające w ramach środowiska badawczego, które mają wspólne cechy. Docelowa populacja studiująca to nauczyciele z kolegiów nauczycielskich w Ghanie.

Nauczycielami w tej kategorii są wychowawcy w szkołach wyższych, którzy szkolą stażystów tak, aby pasowali do szkół podstawowych w Ghanie. Według raportu Krajowej Rady Akredytacyjnej (NAB) z 2015 r., całkowita docelowa liczba korepetytorów w szkołach wyższych wynosi 1 639 (NAB, 2015). Stanowi to całkowitą populację objętą badaniem.

3.5 PRÓBKA

Próba może być zdefiniowana jako podzbiór lub podjednostka populacji docelowej lub elementy, które wynikają ze strategii pobierania prób (Dattalo, 2008, s.3). Może być opisana jako skończona część populacji statystycznej, która jest badana w celu uzyskania informacji o całej populacji. Próba stała się istotną częścią procesu badawczego, ponieważ wykorzystanie całej populacji do badań jest często bardzo trudne lub niewykonalne lub nieefektywne kosztowo. Po Krejcie i Morgan (1970) całkowita próba odnosząca się do wyżej wymienionej populacji wynosi 63.

Po określeniu wielkości próbki, badanie jest kontynuowane w celu zastosowania techniki pobierania próbek do jej wyboru. Technika doboru próby jest czynnością lub techniką wyboru odpowiedniej próby w celu reprezentowania cech całej populacji jest dobór próby (Luyolo, 2013). W tym badaniu stosuje się wieloetapowe pobieranie próbek w celu ich wyboru. Wiąże się to z zastosowaniem więcej niż jednej techniki pobierania próbek. Jest to właściwe, ponieważ jedna technika byłaby niewłaściwa. W badaniu najpierw stosuje się próbkowanie w klastrach, a następnie proste losowanie w celu wyboru poszczególnych uczestników. Przy zastosowaniu próbkowania w klastrach, badanie grupuje całą populację w klastry uczelni i wybiera losowo uczelnie. Na koniec stosuje się losowanie proste do wyboru poszczególnych nauczycieli w kolegiach.

3.6 WYNIKI

Celem tego badania jest ocena wsparcia organizacyjnego, satysfakcji z pracy i zaangażowania nauczycieli w szkołach wyższych w Ghanie. Wyniki lub wnioski z tego badania są korzystne dla literatury teoretycznej, polityki i praktyki. W studium zaproponowano model konstruowania profilu zaangażowania nauczycieli, który jest podstawowym wkładem teoretycznym. W badaniu potwierdzono lub odrzucono odpowiednie teorie dotyczące zaangażowania, wykazując tym samym ich praktyczne znaczenie. Wyniki tego badania rozszerzają konstrukcję satysfakcji z pracy na trzy wymiary.

Na poziomie polityki istotne relacje znalezione pomiędzy trzema konstruktami studiów okazałyby się przydatne w formułowaniu i rozwijaniu polityki zarządzania edukacją w zakresie budowania zaangażowania nauczycieli oraz roli wsparcia organizacyjnego i satysfakcji z pracy na tym kursie. Wyniki tej pracy mogą być wykorzystane przez zarządzających oświatą, dyrektorów i administratorów w instytucjach edukacyjnych, w szczególności w ghańskich kolegiach edukacyjnych, do przeglądu istniejących polityk i strategii zaangażowania nauczycieli. Potencjalny wkład, jaki to badanie może wnieść, jest taki, że polityka i strategie zaangażowania nauczycieli muszą uwzględniać konstrukcje wsparcia organizacyjnego i satysfakcję z pracy, aby odnieść sukces.

Na poziomie praktycznym, wyniki badań mogą stanowić podstawę do budowania zaangażowania nauczycieli. Wyniki tego badania lub analizy mogą pozwolić na odkrycie odpowiednich konstrukcji, które wymagały uwagi dyrektorów i innych zainteresowanych stron w zakresie wsparcia organizacyjnego i cech satysfakcji z pracy, które w przypadku zarządzania nimi mogłyby zwiększyć zaangażowanie nauczycieli.

3.7 KWESTIONARIUSZ

Narzędziem do zbierania danych w tym badaniu jest kwestionariusz. Według Anlo (2012), zasadność i wiarygodność wyników badań oraz wyciągniętych wniosków zależy częściowo od adekwatności narzędzia badawczego. Ze względu na charakter badania, ukierunkowanie, cele badania, wymagania dotyczące analizy danych, podejście badawcze i projekt badania bardziej odpowiednie jest stosowanie kwestionariusza niż jakiegokolwiek innego instrumentu obejmującego wywiad. Jest to zgodne z literaturą, ponieważ wymienione zmienne są determinantami odpowiedniego instrumentu (Kothari, 2004).

Według Neelankavil (2007) wykorzystanie kwestionariuszy gwarantuje jednolitość, obiektywizm i spójność w gromadzeniu danych i w procesie badawczym. Wykorzystanie kwestionariuszy zapewnia również większą prywatność i wygodę respondentom podczas wypełniania instrumentu, a jednocześnie gwarantuje większą anonimowość (Neelankavil, 2007).

Pozycje w kwestionariuszu są pogrupowane w czterech sekcjach, od A do D. Wszystkie pytania w kwestionariuszu są głównie pytaniami zamkniętymi. Według Becker and Watts (1999), pytania zamknięte gwarantują dokładne, wyczerpujące, jednowymiarowe i wzajemnie wykluczające się odpowiedzi na pytania badawcze. Pytania te oszczędzają również czas uczestników podczas wypełniania kwestionariusza, jak również czas badacza podczas kodowania i analizowania odpowiedzi z kwestionariuszy (Becker i Watts, 1999). Część A kwestionariusza skupia się na czynnikach demograficznych nauczycieli. Sekcja B zajmuje się konstrukcją wsparcia organizacyjnego, natomiast sekcja C rejestruje dane dotyczące satysfakcji z pracy. Ostatnia sekcja D zawiera pytania związane z zaangażowaniem nauczycieli.

W kwestionariuszu tym stosuje się pytania w skali Likera do pomiaru wszystkich trzech zmiennych. Według Yatesa (2004), skala Likerta jest instrumentem pomiarowym, który przypisuje ilościowe jednostki metryczne do konstruktów jakościowych. Skala prawdopodobieństwa jest najczęściej stosowaną skalą i wiarygodnym instrumentem pomiarowym do pomiaru percepcji, opinii, postaw i przekonań respondentów w badaniach (Yates, 2004). Skale te są łatwe do skonstruowania i łatwe w obsłudze. Działają one po prostu poprzez połączenie w jednym indeksie wyników uzyskanych przez respondentów na różnych pozycjach. Skalowanie osiąga się w tym badaniu poprzez zapewnienie, że istnieją różnice pomiędzy nisko i wysoko punktowanymi odpowiedziami poszczególnych osób na każdą z pozycji zawartych w indeksie (Scheuren, 2004). Pięciopunktowa skala "Likert-scale" jest stosowana w przypadku, gdy respondenci są proszeni o ocenę od 1 do 5 ich zgody na oświadczenia wymienione w kwestionariuszach, przy czym 1 oznacza słabą zgodę, a 5 - silną zgodę.

3.8 INTERWENCJA

Wywiad jest procesem badawczym lub komunikacyjnym, w którym ankieter lub badacz/badacz pozyskuje informacje od rozmówcy lub informatora na podstawie myśli, opinii, postaw i zachowań, których nie można bezpośrednio zaobserwować ani określić ilościowo (Delgado i Gutierrez, 2007).

Jest to jedno z najczęściej wykorzystywanych narzędzi gromadzenia danych do badań jakościowych. W obecnym badaniu nie wykorzystano by jednak tego narzędzia, ponieważ jest to przede wszystkim badanie oparte na danych ilościowych. Powody są następujące:

- Wywiady są bardziej odpowiednie, gdy badanie jest oparte na jakości lub ma na celu wygenerowanie subiektywnego produktu informacyjnego ukształtowanego przez doświadczenia respondenta.
- Dane z wywiadu mają pomóc w zrozumieniu rzeczy lub zjawisk, które nie mogą być zaobserwowane lub zmierzone na podstawie danych statystycznych.
- Wywiady są wykorzystywane do zbierania danych, które nie są numeryczne.

Z uwagi na to, że charakter i cele niniejszego badania nie mieszczą się w wymogach wywiadu, badanie to opierałoby się głównie na kwestionariuszu, a nie na wywiadzie.

3.9 TEST WAŻNOŚCI I NIEZAWODNOŚCI

W celu zapewnienia ważności instrumentu, badanie opiera się na niektórych istniejących instrumentach do pomiarów konstrukcji w tym badaniu. Ponadto, w celu dokonania oceny instrumentu przed jego faktyczną administracją, niektórzy nauczyciele szkół średnich przeprowadzają test wstępny. Wyniki testu wstępnego są wykorzystywane do sprawdzenia wiarygodności skali. Test wiarygodności dostarcza dowodów na to, na ile skala jest wolna od błędu losowego (Pallant, 2007) lub na to, w jakim stopniu zastosowana skala może dać spójne wyniki w powtarzalnym pomiarze (Kent, 2007). W badaniu wykorzystano statystyki Cronbach Alpha do określenia poziomu wiarygodności skali. Badanie to jest prowadzone z wykorzystaniem Statistical Product and Service Solutions (SPSS) wersja 17.0. Uważa się, że gdy współczynniki alfa Cronbacha wynoszą 0,7 lub więcej, to skala jest wiarygodna.

3.10 PROCEDURA STATYSTYCZNA

Dane zebrane za pomocą kwestionariuszy są analizowane ilościowo przy użyciu zarówno opisowych, jak i infekcyjnych procedur statystycznych. Dane są najpierw redagowane pod kątem błędów i kodowane. W ramach celu pierwszego starano się opracować model zaangażowania nauczycieli. W celu realizacji tego celu badawczego i udzielenia odpowiedzi na pytania badawcze w badaniu zastosowano procedury analizy treści i analizy tematycznej. Technika ta wymaga przeglądu istniejącej literatury wtórnej, wyciągnięcia wniosków i lekcji oraz zaproponowania profilu zaangażowania nauczyciela z wykorzystaniem wsparcia organizacyjnego i satysfakcji z pracy. Pozwoliłoby to również na urzeczywistnienie tych trzech konstrukcji.

Cele dwa, trzy i cztery są realizowane za pomocą sprawdzalnych hipotez. Hipotezy te są testowane przy użyciu standardowych technik regresji wielokrotnej. Tak więc, standardowe techniki regresji wielokrotnej są wykorzystywane do analizy celów od drugiego do czwartego, które badają wpływ wsparcia organizacyjnego na zaangażowanie nauczyciela, satysfakcję z pracy na zaangażowanie nauczyciela oraz współdziałającą rolę satysfakcji z pracy na relację pomiędzy wsparciem organizacyjnym a zaangażowaniem nauczyciela odpowiednio. Oceny opierają się na wartościach beta (β), współczynniku determinacji (R2) i odpowiadających im poziomach istotności (wartości p). Następujące równania regresji są szacowane odpowiednio dla celów od drugiego do czwartego

Dla celu badawczego drugiego (2) i pierwszej hipotezy badania, standardowa regresja wielokrotna odnosząca się do badania jest modelowana przy pomocy równania 1

$$TC = \alpha_1 + \beta_1 WLB + \beta_2 ML + \beta_3 WE + \beta_4 SS + \beta_5 RR + \varepsilon \quad (1)$$

Gdzie:

TC to zaangażowanie nauczyciela, które byłoby oceniane na podstawie trzech elementów zaangażowania (afektywnego, normatywnego i kontynuacyjnego)

WLB, ML, WE, SS i RR to równowaga między pracą a życiem prywatnym, zarządzanie i przywództwo, środowisko pracy, wsparcie społeczne oraz nagrody i uznanie. Oto konstrukcje wsparcia organizacyjnego

β1, β2.... B5 przedstawiają wrażliwość TC na odpowiednie zmienne wsparcia organizacyjnego.

ϵ jest terminem błędu. Model (1) testuje, jak konstrukcja wsparcia organizacyjnego wpływa na poziom zaangażowania nauczycieli. Beta pokazuje wielkość i kierunek relacji.

Dla celu badawczego trzeciego (3) i drugiej hipotezy badania, standardowa regresja wielokrotna odnosząca się do badania jest modelowana w równaniu 2

$$TC = \alpha_1 + \beta_1 PA + \beta_2 JA + \beta_3 SA + \varepsilon \quad (2)$$

Gdzie:

PA, JA i SA to psychologiczne przywiązanie, postawa zawodowa i społeczna. Są to konstrukty satysfakcji z pracy

β1, β2.... B3 przedstawiają wrażliwość TC na odpowiednie zmienne dotyczące satysfakcji z pracy.

ϵ jest terminem błędu

Model (2) sprawdza, jak konstrukcja satysfakcji z pracy wpływa na poziom zaangażowania nauczycieli. Beta pokazuje wielkość i kierunek relacji. Dla celu badawczego czwartego (4) i trzeciej hipotezy badania, standardowa regresja wielokrotna odnosząca się do badania jest modelowana w równaniu 3

$$TC = \alpha_1 + \beta_1 WLBJS + \beta_2 MLJS + \beta_3 WEJS + \beta_4 SSJS + \beta_5 RRJS + \varepsilon \quad (3)$$

Gdzie:

WLBJS, MLJS, WEJS, SSJS i RRJS to odpowiednio równowaga między pracą a życiem prywatnym, zarządzanie i przywództwo, środowisko pracy, wsparcie społeczne i wynagrodzenie oraz uznanie moderowane przez satysfakcję z pracy.

Model (3) testuje, w jaki sposób konstrukcja satysfakcji z pracy wpływa na złagodzenie zależności między wsparciem organizacyjnym a poziomem zaangażowania nauczycieli. Beta pokazuje wielkość i kierunek tej relacji.

3.11 STRESZCZENIE

W rozdziale tym omówiono odpowiednie metodologie badania. W rozdziale określono techniki i procedury, wyjaśniono znaczenie techniki, przedstawiono uzasadnienie i stosowność metody oraz sposób jej zastosowania. Wyjaśniono procedury statystyczne w odniesieniu do każdego z celów szczegółowych. W następnym rozdziale przedstawiono wyniki stosowania tych metod.

ROZDZIAŁ CZWARTY. ANALIZA DANYCH

4.0 DANE I OPIS INFORMACJI

Głównym celem niniejszego opracowania jest zbadanie zależności pomiędzy wsparciem organizacyjnym, satysfakcją z pracy nauczycieli i ich zaangażowaniem oraz opracowanie naukowego modelu wsparcia organizacyjnego, satysfakcji z pracy nauczycieli dla praktyk zaangażowania nauczycieli w szkołach wyższych z wykorzystaniem danych z Ghany. Do badania wykorzystano dane pierwotne, które zostały zebrane od nauczycieli (opiekunów) Ola College of Education w Ghanie. Ze względu na charakter badania, zebrane w ten sposób dane miały głównie charakter ilościowy.

Zebrane dane jakościowe zostały wykorzystane wyłącznie do realizacji pierwszego celu badania. Było to możliwe dzięki zastosowaniu analizy treści i analizy tematycznej do istniejącej literatury wtórnej w celu skonstruowania modelu badania. Dane liczbowe zostały wykorzystane w trakcie badania, gdy opracowano odpowiednie i sprawdzalne hipotezy dotyczące celów badawczych i odpowiedzi na pytania badawcze. Dane zebrano z prób, korzystając zarówno z przewodników po wywiadach, jak i kwestionariuszy.

Ponadto, w badaniu wykorzystano prosty losowy dobór próby nauczycieli Ola College of Education w Ghanie. Tak więc, każdy nauczyciel w tym kolegium miał prawdopodobieństwo, że zostanie wybrany do badania. Kwestionariusz i wywiady były głównym instrumentem zbierania danych.

4.1 KONTEKST OŚRODKÓW BADAWCZYCH

Jak omówiono w rozdziale trzecim niniejszej pracy, w badaniu zastosowano mieszane podejście badawcze. Uzasadnienie wyboru tego podejścia, jak również jego istotność, zostały szczegółowo omówione w rozdziale trzecim. Kontekst badania został opracowany z uwzględnieniem zakresu czterech celów badawczych nakreślonych w następujący sposób: do

- opracować model teoretyczny, który wyjaśni konstrukcje wsparcia organizacyjnego, satysfakcji z pracy i zaangażowania nauczycieli w Ola College of Education w Ghanie
- zbadać wpływ wsparcia organizacyjnego na zaangażowanie nauczycieli w Ola College of Education w Ghanie

- określić wpływ satysfakcji z pracy na zaangażowanie nauczycieli w Ola College of Education w Ghanie
- zbadać wzajemną rolę satysfakcji z pracy w relacji pomiędzy wsparciem organizacyjnym a zaangażowaniem nauczycieli w Ola College of Education w Ghanie.

Aby osiągnąć te cele badań o wysokiej wiarygodności, wiarygodności i odtwarzalności wyników, do gromadzenia danych zastosowano podejście mieszane. Aspekt jakościowy podejścia mieszanego wspiera pierwszy cel, który ma na celu skonstruowanie profilu lub modelu zaangażowania nauczycieli. Do realizacji tego celu wykorzystano dane tekstowe. W badaniu zastosowano procedury analizy treści i analizy tematycznej, aby osiągnąć ten cel badawczy i odpowiedzieć na pytanie badawcze. Wymaga to procesu redukcji danych z literatury wtórnej istotnej dla tego badania.

Cele od drugiego do czwartego zostały zrealizowane przy użyciu sprawdzalnych hipotez. Hipotezy te są testowane przy użyciu standardowych technik regresji wielokrotnej. Tak więc, standardowe techniki regresji wielokrotnej zostały wykorzystane do analizy celów od drugiego do czwartego. Oceny opierają się na wartościach beta (β), współczynniku determinacji (R2) i odpowiadających im poziomach istotności (wartości p). Następujące równania regresji są odpowiednio szacowane dla celów od drugiego do czwartego.
Instrumenty gromadzenia danych wykorzystane w kontekście tego badania obejmowały zarówno kwestionariusze samodzielnie administrowane, jak i przegląd dokumentacji. Każdy z tych instrumentów gromadzenia danych wykorzystanych w niniejszym badaniu został opisany poniżej.

Kwestionariusz - kwestionariusze zostały przekazane nauczycielom Ola College of Education. Pozycje w kwestionariuszu pogrupowane są w czterech sekcjach, od A do D. Wszystkie pytania w kwestionariuszach są głównie pytaniami zamkniętymi. Sekcja A kwestionariusza skupia się na czynnikach demograficznych nauczycieli. Sekcja B zajmuje się konstrukcją wsparcia organizacyjnego, natomiast sekcja C gromadzi dane dotyczące satysfakcji z pracy. Ostatnia sekcja D zawiera pytania związane z zaangażowaniem nauczycieli. Celem kwestionariusza jest zebranie danych ilościowych lub liczbowych. Te dane liczbowe zostały wykorzystane do pomiaru każdej z istotnych zmiennych badania. Z 63 podanych kwestionariuszy zwrócono 59, co stanowi wskaźnik odpowiedzi na poziomie 93,65%. Zebrane w ten sposób dane zostały poddane przeglądowi, zakodowane, wprowadzone i przeanalizowane. Analiza danych została przeprowadzona z wykorzystaniem oprogramowania komputerowego Pakietu Statystycznego dla Nauk Społecznych (SPSS).

Wywiad - Wywiady zostały przeprowadzone w celu dalszej batalii na podstawie wyników z kwestionariuszy. Pozwoliło to na triangulację wyników. Pytania do wywiadu opierały się na celach badania.

4.2 ANALIZA KWESTIONARIUSZA

4.2.1 Demografia

Płeć Dystrybucja respondentów

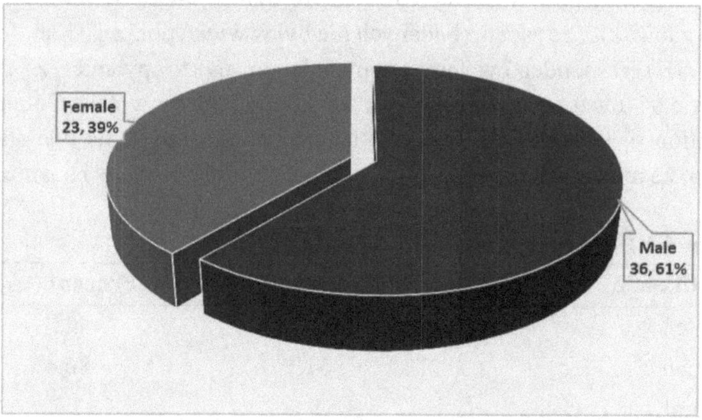

Rysunek 4.1 Rozkład płci respondentów

Źródło: Badanie terenowe (2018)

Rys. 4.1 przedstawia rozkład płci respondentów wykorzystanych do badania. Można zauważyć, że personel Ola College of Education jest zdominowany przez mężczyzn, a ponad połowa (n=36, 61%) uczestników badania to mężczyźni. W porównaniu z liczbą kobiet uczących w kolegium było to 23 (39%). Można zatem stwierdzić, że w kolegium nauczycielskim więcej jest nauczycieli płci męskiej niż korepetytorów płci żeńskiej.

Tabela 4.1 Rozkład wieku respondentów

Zakres wiekowy	Częstotliwość(*n*)	Procent (%)
31 - 40 lat	12	20.3
41 - 50 lat	38	64.4
> 50 lat	1	1.7
Brak odpowiedzi	8	13.6
Razem	59	100.0

Źródło: Prace w terenie (2018)

W tabeli 4.2. przedstawiono rozkład wieku respondentów, a z podsumowania odpowiedzi wynika, że ponad połowa (n=38, 64,4%) respondentów była w wieku 41-50 lat, podczas gdy 12 reprezentujących 20,3% respondentów wskazało również, że byli w wieku 31-40 lat. Warto zauważyć, że żaden z badanych nie był w wieku poniżej 31 lat. Jednak 8 (13,6%) respondentów nie odpowiedziało na to pytanie. Z trendu odpowiedzi można wywnioskować, że korepetytorzy w Ola College of Education są w wieku od 31 do 50 lat, co oznacza, że są na tyle starzy i młodzi, że można ich uznać za godnych współuczestnictwa w badaniu.

Tabela 4.2 Poziom wykształcenia

Kwalifikacje	Częstotliwość(*n*)	Procent (%)
1. stopień	5	8.5
2. stopień	51	86.4
Doktorat	1	1.7
Brak odpowiedzi	2	3.4
Razem	59	100.0

Źródło: Badanie terenowe (2018)

Tabela 4.2 przedstawia przegląd wykształcenia respondentów. Z tabeli wynika, że ponad dwie trzecie (n=51, 86,4%) respondentów miało wykształcenie II stopnia. Natomiast 5 z nich, stanowiących 8,5% badanych, miało swój pierwszy stopień naukowy, a 1 (1,7%) stopień naukowy doktora. Uzyskane wyniki wskazują, że większość respondentów posiada tytuł magistra, co jest minimalnym wymogiem kwalifikacji edukacyjnych, jakie należy posiadać, aby móc uczyć w szkole wyższej.

Tabela 4.3 Doświadczenie zawodowe respondentów

Zakres roczny	Częstotliwość (*n*)	Procent (%)
< 5 lat	3	5.1
6 - 10 lat	5	8.5
11 - 20 lat	37	62.7
> 20 lat	14	23.7
Razem	59	100.0

Źródło: Badanie terenowe (2018)

W tabeli 4.3 respondenci zostali poproszeni o wskazanie liczby lat, w których pracowali w sektorze edukacji. Odpowiedzi sugerują, że ponad połowa (n=37, 62,7%) respondentów wskazała, że ma 11 - 20 lat doświadczenia zawodowego, a 14 z nich to 23,7% respondentów, którzy również wskazali, że pracują od ponad 20 lat. Wyniki badania sprawiają wrażenie, że większość respondentów ma znaczne doświadczenie zawodowe, co oznacza, że wie wystarczająco dużo o kontekście badania, aby uzasadnić włączenie ich w jego prowadzenie.

Tabela 4.4 Lata doświadczeń z tą uczelnią

Lata	Częstotliwość (*n*)	Procent (%)
< 5 lat	6	10.2
6 - 10 lat	19	32.2
11 - 20 lat	34	57.6
Razem	59	100.0

Źródło: Badanie terenowe (2018)

W tabeli 4.4 respondenci zostali poproszeni o wskazanie swoich lat doświadczenia w nauczaniu w szkole wyższej. Z podsumowania odpowiedzi wynika, że większość (n=34, 57,6%) respondentów uczy w kolegium od 11 do 20 lat. Natomiast 19 osób, reprezentujących 32,2% respondentów, zadeklarowało, że uczy w kolegium od 6 do 10 lat. Warto wspomnieć, że pozostałych 6 (10,2%) respondentów poświęciło nie więcej niż 5 lat na nauczanie w szkole. Na podstawie uzyskanych wyników można zatem stwierdzić, że respondenci spędzili w kolegium wystarczającą liczbę lat, aby być w lepszej sytuacji do udzielania dokładnych odpowiedzi na badania.

4.3 STATYSTYKI OPISOWE

4.3.1 Wsparcie organizacyjne

Tabela 4.5 Statystyki opisowe dotyczące równowagi między życiem zawodowym a prywatnym

Konstrukcja	N	Min.	Max.	Mean	±SD
Mam poparcie mojego college'u dla	59	2.00	5.00	3.76	.935
Moja uczelnia zapewnia równowagę między pracą a życiem prywatnym	59	3.00	5.00	3.37	.528
Moja uczelnia ułatwia zewnętrzną działalność społeczną	59	2.00	5.00	3.98	.473
Mój college ma elastyczny harmonogram pracy	59	1.00	5.00	3.88	.528
Moja praca w college'u jest bezstresowa i	59	1.00	5.00	3.14	.798
Ważne N (na liście)	**59**			**3.63**	**.652**

1=zdecydowanie nie zgadzam się, 2=nie zgadzam się, 3=nie jestem pewien, 4=porozumienie, 5=zdecydowanie zgadzam się
Źródło: Badanie terenowe (2018)

Tabela 4.5 przedstawia statystyki opisowe dotyczące czynników równowagi między życiem zawodowym a prywatnym, które wpływają na zaangażowanie respondenta w obowiązki. Konstrukcja ta mierzy wsparcie instytucji dla równowagi między życiem zawodowym a prywatnym pracowników (opiekunów). Z zestawienia statystyk wynika, że uczelnia ułatwiająca działalność społeczną korepetytorów poza środowiskiem szkolnym uzyskała najwyższą średnią statystykę (m=3,98, ±SD=,473). Dodatkowo, ocena kolegium posiadającego elastyczny harmonogram pracy uzyskała drugą najwyższą średnią ocenę (n=3,88, .528).

Warto jednak zauważyć, że pytanie o to, czy praca respondenta w kolegium jest bezstresowa, a także czy zapewnia opiekę nad dziećmi i dostęp do rodzin, uzyskało najniższą średnią (m=3,14, ±SD,798), co sugeruje, że respondenci nie byli pewni, czy kolegium zapewnia te udogodnienia dla opiekunów. Na podstawie wyników można stwierdzić, że szkoła wspiera równowagę między życiem zawodowym a prywatnym korepetytorów w kolegium, ponieważ wszystkie zmienne uzyskały średnią statyczną powyżej progu 3,0.

Tabela 4.6 Statystyki opisowe dotyczące zarządzania i przywództwa

	N	Min.	Max.	Mean	±SD
Zarządzanie i przywództwo koncentrują się na	59	2.00	5.00	2.95	1.09
Zarządzanie i przywództwo koncentrują się na	59	2.00	5.00	3.46	.66
Zarządzanie i przywództwo koncentrują się na	59	2.00	5.00	3.98	.44
Mam dobre stosunki robocze z moim przełożonym	59	1.00	5.00	4.00	.79
Kierownictwo stara się zrozumieć	59	2.00	4.00	3.56	.56
Zarządzanie i przywództwo stymuluje mnie do myślenia o tym, na czym stoję i dokąd muszę się udać, aby osiągnąć cele instytucjonalne.	59	2.00	5.00	3.42	.69
Ważne N (na liście)	59			3.56	0.71

Źródło: Badanie terenowe (2018)

W tabeli 4.6 przedstawiono statystyki opisowe dotyczące zarządzania i przywództwa, które respondenci dostarczyli w swoich organizacjach. Wyniki sugerują, że respondenci mający dobre relacje robocze z odpowiednimi przełożonymi osiągnęli najwyższą średnią statystykę (m=4,00, ±SD=,719), co sugeruje, że na poziomie zarządzania i przywództwa respondenci mają dobre relacje robocze z wyznaczonymi przez siebie przełożonymi.

Mimo to, na podstawie wyników można zauważyć, że kierownictwo i przywództwo skupiło się na zadaniu, zachęcając nauczycieli do osiągania wyznaczonych celów w czasie, uzyskując najniższy średni wynik (m=2,95, ±SD=1,09). Odniesienie do ogólnej średniej statystycznej (m=3,56, ±SD=0,71) dla konstrukcji pokazuje, że respondenci ogólnie zgodzili się, że istnieje skuteczne zarządzanie i przywództwo wykazywane przez władze w kolegium.

Tabela 4.7 Statystyki opisowe dotyczące środowiska pracy

Konstrukcja	N	Min.	Max.	Mean	±SD
Moja uczelnia skupia się na tworzeniu dobrego	59	2.00	5.00	3.34	.632
Pracujemy w bezpiecznych i zdrowych warunkach.	59	2.00	5.00	3.73	.665
Fizyczne warunki pracy w	59	2.00	5.00	2.93	.887
Moja uczelnia zapewnia zwolnienie chorobowe z wynagrodzeniem	59	1.00	5.00	2.46	.703
Moje kolegium uważa dobro nauczycieli za najwyższy priorytet	59	1.00	5.00	2.25	1.09
Ważne N (na liście)	**59**			**2.94**	**0.90**

Źródło: Badanie terenowe (2018)

W tabeli 4.7 respondenci zostali poproszeni o ocenę czynników dotyczących ich środowiska pracy. Ze statystyk opisowych podsumowujących warunki środowiska pracy, w jakich respondent znalazł się w omawianym kolegium wynika, że wykorzystując próg 3,0 pozycja respondentów pracujących w bezpiecznym i zdrowym środowisku pracy oraz kolegium stawiające na tworzenie dobrego środowiska pracy uzyskała najwyższe średnie statystyki odpowiednio (m=3,73, ±SD=,665) i (m=3,34, ±SD=,632).

Pomimo tego, że dalsza analiza ocen wykazała, że fizyczne warunki pracy na uczelni są przyjemne (m=2,93, ±SD=,887), moja uczelnia zapewnia zwolnienie lekarskie za wynagrodzeniem (m=2,46, ±SD=,703), a moja uczelnia uważa dobro nauczyciela za najwyższy priorytet (m=3,34, ±SD=,632) wszystkie uzyskane średnie oceny są niższe od progu 3,0. Na podstawie ogólnej średniej 2,94 można stwierdzić, że pozycja respondentów w odniesieniu do środowiska pracy w kolegium była stosunkowo niepewna.

Tabela 4.8 Statystyki opisowe dotyczące wsparcia społecznego

	N	Min.	Max.	Mean	±SD
Moja uczelnia zachęca do interakcji społecznych	59	1	5	3.29	1.47
Moja uczelnia tworzy ducha zespołu i zespół	59	1	5	2.73	1.38
Mój college interesuje się moją rodziną	58	1	4	1.95	1.05
Czuję, że istnieje serdeczny związek	59	1	5	2.31	1.42
Moja rodzina ma pozytywny stosunek do mojej	59	1	5	2.86	1.12
Ważne N (na liście)	**58**			**2.63**	**1.29**

Źródło: Badanie terenowe (2018)

Respondenci zostali ponadto poproszeni o ocenę poziomu wsparcia społecznego, jakiego szkoła udziela wychowawcom w Ola College of Education. Analizę ocen przedstawiono w tabeli 4.8. statystyk opisowych. Z podsumowania wyników wynika, że tylko jedna zmienna osiągnęła średnią statystykę powyżej progu 3,0. Kolegium zachęcające do interakcji społecznych uzyskało średnią ocenę (m=3,29, ±SD=1,47) wskazującą, że respondenci zgadzają się, że kolegium zachęca do interakcji społecznych w kolegium.

Warto jednak wspomnieć, że wszystkie pozostałe zmienne uzyskały średnie wyniki niższe od progu średniego 3,0. Odnosząc się do średniej ogólnej dla konstrukcji mierzącej wsparcie socjalne oferowane przez kolegium korepetytorów, można zatem stwierdzić, że przy średniej 2,63 (±1,29) świadczyło to o słabym porozumieniu wśród respondentów.

Tabela 4.9 Statystyki opisowe dotyczące nagród i wyróżnień

	N	Min.	Max.	Mean	±SD
Istnieje dość duże prawdopodobieństwo, że	59	1.00	5.00	2.42	1.59
Nagroda opiera się na zasadach i kompetencjach	59	1.00	5.00	2.36	1.57
W mojej obecnej pracy są duże szanse na awans.	59	1.00	5.00	3.12	1.40
Instytucja docenia wysiłki, które podejmują w mojej obecnej pracy	59	2.00	5.00	2.63	0.87
Nikt nie jest bardziej uprzywilejowany niż ten	59	2.00	5.00	2.81	1.03
Obecny system nagród jest użyteczny i sprawiedliwy	59	1.00	5.00	2.59	0.79
Ważne N (na liście)	**59**			**2.66**	**1.21**

Źródło: Badanie terenowe (2018)

W tabeli 4.9 przedstawiono oceny w odniesieniu do nagród i uznania dla wysiłków pracowników badanej uczelni. Z analizy statystyk opisowych dotyczących konstrukcji wynika, że uczelnia stwarzająca możliwości awansu w bieżącej pracy respondentów uzyskała najwyższą średnią ocenę 3,12 (±=0,87), natomiast pozycja "nikt nie jest bardziej uprzywilejowany niż inni" uzyskała również drugą co do wielkości średnią ocenę (m=2,81, ±SD=1,03). Można było jednak zaobserwować, że ogólna tendencja ocen skupiła się wokół połowy skali. Warto zauważyć, że z ogólnej średniej oceny (m=2,66, ±SD=1,21), która jest niższa od 3,0 średniego progu sprawia wrażenie, że system nagród i uznania w kolegium jest mniej korzystny.

4.3.2 Zadowolenie z pracy

Tabela 4.10 Statystyki opisowe dotyczące postawy zawodowej

	N	Min.	Max.	Mean	±SD
Jestem zadowolony z mojej obecnej pracy	59	1.00	5.00	3.97	0.52
Jestem doceniany za pracę, którą wykonuję	59	1.00	5.00	3.15	0.58
Lubię robić to, co robię w pracy.	59	2.00	5.00	3.54	0.75
Jestem zadowolony ze świadczeń, które otrzymuję	59	1.00	5.00	2.37	0.74
Czuję się zadowolony z moich szans na wzrost pensji	59	1.00	5.00	1.98	1.28
Mam lepsze zrozumienie dla moich kolegów w tej pracy, dzięki czemu jest ona przyjemna	59	1.00	5.00	3.88	0.79
Ważne N (na liście)	**59**			**3.15**	**0.78**

Źródło: Badanie terenowe (2018)

W tabeli 4.10 przedstawiono statystyki opisowe dotyczące stosunku respondentów do wykonywanej pracy. Analiza wyników pokazuje, że wszystkie pozycje powyżej średniego progu 3,0 wskazują na wysoką postawę pracowników w instytucji. Jednak odniesienie do ogólnej średniej oceny konstrukcji (m=3,15, ±SD=0,78) pokazało, że większość odpowiedzi była skupiona wokół połowy skali oceny, co sugeruje, że większość respondentów była niepewna co do ogólnej postawy pracowników w pracy. Z tego można wnioskować, że postawy zawodowe respondentów w instytucji są stosunkowo słabe.

Tabela 4.11 Statystyki opisowe dotyczące postawy społecznej

	Nie.	Min.	Max.	Mean	±SD
Istnieją zewnętrzne (np. polityczne i inne) naciski i wpływy w pracy i biurze, które czynią pracę ekscytującą.	59	2.00	5.00	2.73	0.94
Czuję się wart zachodu, wykonując swoją pracę.	59	3.00	5.00	4.02	0.39
Podoba mi się ta praca, ponieważ jest uznawana przez moje otoczenie	59	1.00	5.00	3.95	0.63
Więzi społeczne, jakie mam z moją pracą sprawiają, że jest ona przyjemna.	59	1.00	5.00	3.56	0.95
Moja rodzina jest przywiązana do tej pracy	59	1.00	5.00	3.24	0.82
Interesuje mnie to, co robię, a nie to, co za to dostanę.	59	1.00	5.00	3.34	0.88
Martwię się o to, co inni ludzie myślą o mojej pracy	59	1.00	5.00	3.53	1.01
Ważne N (na liście)	**59**			**3.48**	**0.80**

Źródło: Badanie terenowe (2018)

Ponadto, w tabeli 4.11 przedstawiono również statystyki opisowe dotyczące postawy społecznej respondentów. Z tabeli można było zauważyć, że poczucie wartości dodanej w wykonywaniu pracy uzyskało najwyższą średnią ocenę (m=4,02, ±SD=0,39), natomiast wszystkie pozostałe zmienne uzyskały średnie oceny powyżej średniego progu 3,0, co daje wrażenie, że większość odpowiedzi była ukierunkowana na zgodny koniec skali ocen. Co więcej, w odniesieniu do ogólnej średniej (m=3,48, ±SD=0,80) można zatem stwierdzić, że ogólnie rzecz biorąc, respondenci mają wysoki stosunek społeczny do swoich kolegów w instytucji.

Tabela 4.12 Statystyki opisowe dotyczące załączników psychologicznych

	Nie.	Min.	Max.	Mean	±SD
Podobała mi się moja praca, ponieważ czuję, że jest to praca pełna wyzwań.	59	1.00	5.00	3.44	0.73
Moje pomysły i zainteresowania są brane pod uwagę w pracy w tym college'u	59	3.00	5.00	3.22	0.53
Jestem w stanie wykorzystać różne umiejętności krytycznego myślenia w mojej pracy	59	3.00	33.00	3.95	3.90
Mogę opracowywać własne strategie nauczania i wdrażać je w klasie	59	2.00	5.00	3.53	0.70
Czuję, że mogę rozwijać swoje umiejętności, aby sprostać każdemu wyzwaniu związanemu z pracą w tym college'u.	59	2.00	5.00	3.42	1.04
Ważne N (na liście)	**59**			**3.51**	**1.38**

Źródło: Badanie terenowe (2018)

Dodatkowo w tabeli 4.12 przedstawiono również statystyki opisowe w odniesieniu do przywiązania psychologicznego respondentów. Podsumowanie analizy ujawniło, że wszystkie pozycje w konstrukcjach miały średnią punktację powyżej standardowego średniego progu 3,0, co niezmiennie sugeruje, że większość odpowiedzi była pod koniec skali. Warto jednak zauważyć, że postawy respondentów dotyczące ich zdolności do stosowania różnych umiejętności krytycznego myślenia na swoich stanowiskach pracy uzyskały najwyższą średnią ocenę 3,95 (±SD=3,90). Z analizy można wywnioskować, że opiekunowie w instytucji mają wysoki poziom przywiązania psychologicznego w uczelni.

4.3.3 Zaangażowanie nauczycieli

Tabela 4.13 Statystyki opisowe dotyczące skutecznego zaangażowania

	N	Min.	Max.	Mean	±SD
Byłbym bardzo szczęśliwy mogąc spędzić resztę mojej kariery w tym college'u	59	1.00	5.00	3.46	0.90
Lubię dyskutować o moim college'u z ludźmi spoza niego.	59	1.00	5.00	3.31	0.75
Naprawdę czuję, że problemy tego college'u są moimi własnymi	59	1.00	5.00	3.39	0.70
Myślę, że mógłbym się tak samo łatwo przywiązać do tego college'u jak ja.	59	1.00	5.00	3.12	0.59
Czuję się jak "część rodziny" w tym college'u.	59	2.00	5.00	3.19	0.63
Czuję się "emocjonalnie przywiązany" do tego college'u.	59	2.00	5.00	3.14	0.54
Ten college ma dla mnie duże znaczenie osobiste.	59	1.00	5.00	3.03	0.67
Czuję "silne" poczucie przynależności do mojego college'u.	58	2.00	5.00	3.19	0.63
Ważne N (na liście)	**59**			**3.23**	**0.68**

Źródło: Badanie terenowe (2018)

W tabeli 4.13 przedstawiono statystyki opisowe dotyczące zaangażowania emocjonalnego respondenta. Ogólny przegląd tabeli pokazuje, że wszystkie zmienne w konstrukcjach mierzących afektywne zaangażowanie respondentów miały średnie wyniki powyżej progu 3,0. Żadna ze zmiennych nie uzyskała jednak średniej zbliżonej do 4,0, co wskazuje na to, że większość odpowiedzi skupiła się wokół połowy skali oceny. Z ogólnej średniej oceny (m=3,28, ±SD=0,68) można wywnioskować, że większość respondentów nie była pewna swojego afektywnego zaangażowania w pracę na uczelni.

Tabela 4.14 Statystyki opisowe dotyczące zobowiązania do kontynuowania działalności

	N	Min.	Max.	Mean	±SD
Obawiam się, co może się stać, jeśli rzucę pracę, nie mając innego w kolejce.	59	1.00	5.00	3.54	1.15
Byłoby mi bardzo trudno opuścić teraz mój college, nawet gdybym chciał	43	1.00	34.00	2.23	0.52
Zbyt wiele w moim życiu zostałoby zakłócone, gdybym teraz zdecydował się opuścić ten college	59	1.00	5.00	3.56	0.82
Byłoby to dla mnie zbyt kosztowne opuścić teraz mój college.	59	1.00	5.00	3.00	0.56
W tej chwili pobyt w tym college'u jest tak samo konieczny jak pragnienie.	59	1.00	5.00	2.97	0.56
Mam wrażenie, że mam bardzo niewiele możliwości, aby rozważyć opuszczenie tego college'u	59	1.00	5.00	2.98	0.63
Jedną z niewielu poważnych konsekwencji odejścia z tego kolegium byłby brak dostępnych alternatyw.	59	1.00	5.00	3.20	0.64
Jednym z głównych powodów, dla których nadal pracuję dla tego kolegium, jest to, że odejście wymagałoby znacznego osobistego poświęcenia innej organizacji, która może nie dorównać ogólnym korzyściom, jakie tu mam.	59	1.00	5.00	3.22	0.74
Ważne N (na liście)	43			3.09	0.70

Źródło: Badanie terenowe (2018)

Jeśli chodzi o zaangażowanie w kontynuację, które odnosi się do stopnia, w jakim pracownicy chcą pozostać w organizacji, dlatego poproszono respondentów o odpowiedź na zestaw pozycji, które miały na celu zmierzenie stopnia, w jakim chcą pozostać w organizacji. W tabeli 4.14 przedstawiono wyniki statystyk opisowych dotyczących zaangażowania pracowników w kontynuację pracy w organizacji. Wyniki pokazują, że większość ocen znajdowała się powyżej progu 3,0. Oceny zmiennych w konstrukcji zostały ocenione mniej więcej w połowie skali ratingowej, co sugeruje, że większość respondentów nie była pewna swojego zaangażowania w kontynuację, z trendu wyników wynika, że ponownie nie byli pewni swojego zaangażowania w kontynuację, ponieważ 3,09 (±SD=0,70) uwiarygodnia fakt, że respondenci nie byli pewni.

Tabela 4.15 Statystyki opisowe dotyczące zobowiązań normatywnych

	N	Min.	Max.	Mean	±SD
Myślę, że w dzisiejszych czasach ludzie zbyt często przenoszą się z firmy do firmy.	59	2.00	5.00	3.49	0.88
Wierzę, że człowiek musi być zawsze lojalny wobec swojego college'u	59	1.00	5.00	3.59	0.91
Skakanie z instytucji do instytucji wydaje mi się nieetyczne.	59	1.00	5.00	2.71	0.67
Jednym z głównych powodów, dla których nadal pracuję w tym kolegium jest to, że wierzę, iż lojalność jest ważna i dlatego czuję się moralnie zobowiązany wobec tego kolegium.	58	1.00	5.00	2.79	0.79
Nauczono mnie wierzyć w wartość pozostawania lojalnym wobec jednej organizacji.	59	1.00	5.00	2.83	0.77
Gdybym dostał kolejną ofertę lepszej pracy gdzie indziej, nie czułbym się dobrze opuszczając ten college	59	1.00	5.00	2.73	0.69
Uważam, że nadal rozsądnie jest pozostać w tym kolegium jako "kolegium rozsądne".	58	1.00	5.00	2.83	0.78
Ważne N (na liście)	57			3.00	0.78

Źródło: Badanie terenowe (2018)

Normatywne zaangażowanie, które odnosi się do postrzegania przez pracowników ich zobowiązań wobec swoich organizacji. Z tego kontekstu respondenci zostali poproszeni o przedstawienie swoich ocen na podstawie zestawu zmiennych, które mierzą ich zobowiązania wobec organizacji. Z tabeli 4.15. wynika, że większość ocen koncentrowała się wokół połowy skali ocen, co sugeruje, że większość respondentów nadal nie ma jasności co do swoich zobowiązań wobec kolegium. Dowodzi tego również ogólna średnia statystyka wynosząca 3,00 (±SD=0,78), która pokazuje, że respondenci pozostają niejednoznaczni co do swoich zobowiązań wobec instytucji. Można z tego wywnioskować, że opiekunowie w kolegium nadal nie mają pewności co do swoich zobowiązań wobec uczelni.

4.4 ANALIZA MATEMATYCZNA

4.4.1 Wsparcie organizacyjne i zaangażowanie nauczycieli

4.4.1.1 Normalność i liniowość

Do badania założeń normalności i liniowości wykorzystano standardowy wykres normalnego prawdopodobieństwa, zwany również "wykresem normalnego Q-Q".

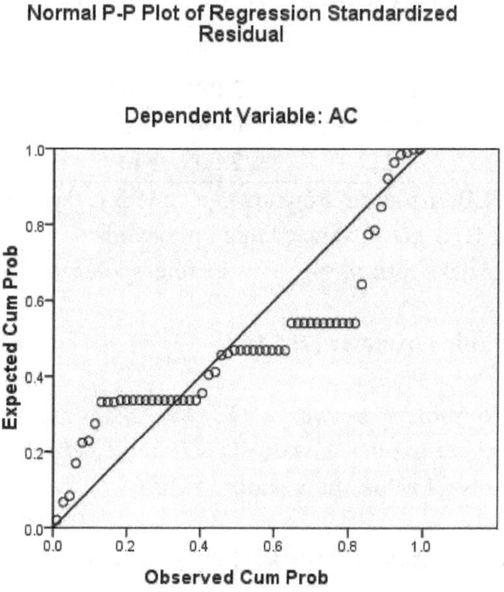

Rysunek 4.2: Test diagnostyczny normalności i liniowości z Org. Wsparcie
Źródło: Badanie terenowe (2018)

Z rysunku 4.2 można zauważyć, że linia ta przechodzi przez szereg punktów wskazujących na rozsądną linię prostą. Oznacza to, że osiągnięto normalność i liniowość w badanych zmiennych zgodnie z założeniami regresji.

4.4.1.2 Wielokoliniowość Analiza diagnostyczna

Innym podstawowym założeniem standardowej regresji wielokrotnej w celu uzyskania wiarygodnych wyników jest brak problemu wieloliniowości. Wykorzystując SPSS, w badaniu wykorzystano "Wartość Tolerancji i Współczynnik Inflacji Zmienności (VIF)" jako podstawę do testowania tego założenia. Wartość Tolerancji jest odwrotnością VIF. Normą jest to, że gdy wartość tolerancji jest bardzo mała (tj. mniejsza niż 0,1), a VIF większa niż 10, wówczas pojawia się problem wieloliniowości. Wyniki są przedstawione w tabeli 4.16.

Tabela 4.16 Analiza wielokoliniowości

Zmienne badawcze	Tolerancja Wartość	VIF	Decyzja
WLB*	.392	2.548	Nie
ML*	.264	3.785	Nie
MY*	.477	2.095	Nie
SS*	.155	6.446	Nie
RR*	.131	7.608	Nie

*Uwaga: WLB oznacza równowagę między życiem zawodowym a prywatnym, ML oznacza zarządzanie i przywództwo,
WE to środowisko pracy, SS to wsparcie społeczne, a RR to nagroda i uznanie.

Źródło: Badanie terenowe (2018)

Z tabeli 4.16 można zauważyć, że wszystkie zmienne mają wartości tolerancji większe niż 0,1, a wartości VIF mniejsze niż 10. Sugeruje to, że model nie naruszył założenia wieloliniowości.

4.4.2 Wpływ wsparcia organizacyjnego na zaangażowanie nauczycieli

Po przetestowaniu założeń przystąpiono do analizy regresji w celu określenia wpływu wsparcia organizacyjnego na zaangażowanie nauczycieli. Wyniki zostały przedstawione w tabeli 4.17. W tabeli przedstawiono statystyki z trzech głównych modeli opartych na konstrukcjach zaangażowania nauczycieli: zaangażowanie afektywne, które jest ujmowane jako model AC, zaangażowanie kontynuacyjne oznaczane jako model CC oraz zaangażowanie normatywne reprezentowane przez model NC.

Pierwsza z tych statystyk to R2 i f-statystyka. Są one wykorzystywane do oceny przydatności modelu. Z tabeli można zauważyć, że R2 dla modelu AC wynosi 0,670, 0,669 dla modelu CC i 0,432 dla modelu NC. Oznacza to, że konstruktorzy wsparcia organizacyjnego są w stanie wyjaśnić około 67%, 66,9% i 43,2% zmian w poziomie Efektywnego Zaangażowania Nauczycieli, Zaangażowania Ciągłego i Normatywnego w Ola College of Education. Jest to stosunkowo wysoki poziom, co wskazuje, że konstrukty wsparcia organizacyjnego są krytyczne w modelowaniu zaangażowania nauczycieli w kolegium.

Dodatkowo, tabela 4.3 przedstawia statystyki f-statystykę z 21 080 (.001) dla modelu AC, 14 954 (.001) dla modelu CC i 7 621 (0 000) dla modelu NC. Statystyka f-stat mierzy stopień, w jakim konstrukcje wsparcia organizacyjnego są łącznie istotne w wyjaśnianiu zmian w zaangażowaniu nauczycieli. Tak więc, chociaż poszczególne konstrukcje mogą być nieistotne, to mogą być istotne, gdy są zatrudnione jednocześnie z innymi konstrukcjami. Wszystkie statystyki f-statystyczne są istotne (oznaczają mniej niż 1%). Ponieważ poziom znaczący wynosi 0,000, sugeruje to, że f-statystyka jest znacząca na poziomie 1%. W związku z tym wszystkie zastosowane konstrukcje wsparcia organizacyjnego są łącznie istotne. Wynika z tego, że pięć wymiarów lub konstrukcji wsparcia organizacyjnego, a mianowicie równowaga między pracą a życiem prywatnym (WLB), zarządzanie i przywództwo (ML), środowisko pracy (WE), wsparcie społeczne (SS) oraz nagradzanie i uznawanie (RR) są ważnymi antecedentami zaangażowania nauczycieli w Ola College of Education w Ghanie.

Tabela 4.17: Oszacowanie wpływu wsparcia organizacyjnego na zaangażowanie nauczycieli

	Beta	t-stat	Sig.	R2	f-stat
Model AC				0.670	21.080 (.001)
WLB	0.581	4.260	0.000		
ML	0.859	4.940	0.000		
WE	0.246	2.414	0.019		
SS	-0.224	-2.751	0.008		
RR	-0.109	-1.218	0.229		
Model CC				0.669	14.954 (.001)
WLB	3.151	4.822	.000		
ML	2.631	3.155	.003		
WE	-1.522	-3.119	.004		
SS	-1.564	-4.015	.000		
RR	-.208	-.484	.631		
Model NC				0.432	7.621 (.001)
WLB	-0.089	-0.383	0.703		
ML	0.933	3.159	0.003		
WE	0.208	1.204	0.234		
SS	-0.294	-2.129	0.038		
RR	-0.249	-1.636	0.108		

Uwaga: Model AC oznacza skuteczne zobowiązanie, a CC - kontynuację.

Źródło: Badanie terenowe (2018)

Poza wstępnymi statystykami, jak wyjaśniono powyżej, w tabeli 4.17 przedstawiono również współczynnik lub beta (β) indywidualnego wymiaru wsparcia organizacyjnego. Jeśli chodzi o model zaangażowania afektywnego (model AC), wszystkie zmienne wsparcia organizacyjnego wykazały znaczący wpływ na poziom zaangażowania afektywnego z wyjątkiem wynagrodzenia i uznania. W szczególności kierownictwo i przywództwo wniosły najbardziej znaczący wkład ($\beta = 0{,}859$; p= .000), następnie równowaga między pracą a życiem prywatnym ($\beta = 0{,}581$; p = .000), następnie środowisko pracy ($\beta = 0{,}246$; Sig. = .019) i wsparcie społeczne ($\beta = -0{,}224$; p = .008). Nagroda i uznanie dla nauczyciela za nieistotny, negatywny wpływ na jego zaangażowanie ($\beta = -0{,}109$; p= .229).

Wyniki sugerują, że trzy wymiary wsparcia organizacyjnego (zarządzanie i przywództwo, równowaga między pracą a życiem prywatnym oraz środowisko pracy) mają pozytywny wpływ na poziom zaangażowania afektywnego nauczycieli. Dwa z tych wymiarów (wsparcie społeczne oraz nagroda i uznanie) mają negatywny wpływ na poziom zaangażowania afektywnego nauczycieli. Znaczące współczynniki lub bety oznaczają, że poza nagrodą i uznaniem, w badaniu odrzucono wszystkie zerowe hipotezy, że wsparcie organizacyjne nie wpływa na poziom afektywnego zaangażowania.

Stwierdza się zatem, że konstrukcje wsparcia organizacyjnego są ważnymi antagonistami afektywnego zaangażowania. Jeśli chodzi o kierunek, wzrost poziomu wsparcia kierownictwa i przywództwa, równowagi między pracą a życiem prywatnym oraz korzystnego środowiska pracy doprowadziłby do wzrostu poziomu afektywnego zaangażowania nauczycieli odpowiednio o 0,859, 0,581 i 0,246 punktu procentowego i odwrotnie. Z ustaleń można również wywnioskować, że negatywne bety wsparcia społecznego oraz nagrody i uznania oznaczają, że utrzymanie innych czynników na stałym poziomie, wzrost poziomu wsparcia społecznego oraz nagrody i uznania zmniejszyłby zaangażowanie afektywne odpowiednio o 0,224 i 0,109 punktu i vice versa, chociaż nagroda i uznanie były nieistotne. Wynika z tego, że wzrost poziomu zarządzania i przywództwa, równowagi między pracą a życiem prywatnym oraz środowiska pracy jest ważnym sposobem na zwiększenie poziomu afektywnego zaangażowania nauczycieli.
Z modelu zaangażowania w kontynuację, ponownie wszystkie zmienne wsparcia organizacyjnego wykazały znaczący wpływ na poziom zaangażowania w kontynuację, z wyjątkiem wynagrodzenia i uznania.

Inaczej niż w przypadku zaangażowania afektywnego, model zaangażowania w kontynuację pokazał, że równowaga między pracą a życiem prywatnym jest najbardziej znaczącym zaangażowaniem wnoszącym wkład (β = 3,151; p= .000), następnie kierownictwo i przywództwo (β = 2,631; p=,003), następnie wsparcie społeczne (β = -1,534; p= .000), następnie środowisko pracy (β = -1,522; p=,004). Nagroda i uznanie nieistotnego negatywnego wpływu na zaangażowanie w kontynuację pracy zawodowej nauczycieli (β = -0,208; p= 0,631).

Znaczące współczynniki lub bety, zarówno negatywne jak i pozytywne, sugerują, że alternatywna hipoteza, którą konstruuje wsparcie organizacyjne, wpływa na poziom zaangażowania ciągłości, zostaje przyjęta, a hipoteza zerowa odrzucona. Wniosek z tego jest taki, że pod względem poprawy poziomu zaangażowania w kontynuację, najważniejszymi czynnikami są wsparcie równowagi między pracą a życiem prywatnym oraz wsparcie w zakresie zarządzania i przywództwa.

Tabela 4.17 przedstawia również szacunki pomiędzy konstrukcjami wsparcia organizacyjnego a poziomem zaangażowania normatywnego nauczycieli. Wyniki wskazują, że tylko zarządzanie i przywództwo oraz środowisko pracy wykazują pozytywny wpływ na zaangażowanie normatywne nauczycieli. Jednak tylko kierownictwo i przywództwo oraz wsparcie społeczne wykazywały istotny wpływ. Szacunki są następujące: równowaga między pracą a życiem prywatnym (β = -0,089; p= .703), zarządzanie i przywództwo (β = 0,933; p= .003), środowisko pracy (β = 0,208; p= .234), wsparcie społeczne (β = -0,294; p= .038) oraz nagroda i uznanie (β = -0,249; p=.108). Z tych szacunków można wyciągnąć wniosek, że o ile kierownictwo i przywództwo mają znaczący pozytywny i społeczny wpływ na poziom normatywnego zaangażowania, o tyle równowaga między pracą a życiem prywatnym, środowisko pracy oraz nagroda i uznanie są nieistotne.

Krytyczna ocena wyników sugeruje, że charakter i kierunek relacji pomiędzy wsparciem organizacyjnym a zaangażowaniem nauczycieli zależy od wymiaru zaangażowania w koncentrację. Niemniej jednak można stwierdzić, że średnio kluczowymi konstrukcjami wsparcia organizacyjnego, które pozytywnie wpływają na zaangażowanie nauczycieli, są: wsparcie równowagi między życiem zawodowym a prywatnym, wsparcie w zakresie zarządzania i przywództwa oraz korzystne środowisko pracy. Chociaż wymiar wsparcia społecznego oraz wymiar nagród i uznania wykazywały ogólnie negatywny wpływ na zaangażowanie nauczycieli, nie oznacza to, że wzrost wsparcia dla tych zmiennych jest szkodliwy dla ich zaangażowania.

Z tabeli 4.17 można wywnioskować, że na charakter i kierunek relacji pomiędzy konstrukcjami wsparcia organizacyjnego a zaangażowaniem nauczycieli wpływają średnie wartości tych konstrukcji. Tam, gdzie wymiar wsparcia organizacyjnego ma mniejszą średnią w stosunku do poziomu zaangażowania, obserwuje się ujemny współczynnik. Oznacza to, że występują negatywne bety, ponieważ konstruktorzy, zwłaszcza ci, którzy udzielają wsparcia społecznego, otrzymują najniższą średnią w porównaniu z innymi konstruktorami. Dlatego też te wymiary lub konstruktorzy mogą wykazywać pozytywny wpływ, jeśli kierownictwo zwiększy ich poziom istnienia.

Ustalenia te przyczyniają się do powstania teorii wsparcia organizacyjnego. Teoria wsparcia organizacyjnego wskazuje, że w zamian za wysoki poziom wsparcia, pracownicy pracują ciężej, aby pomóc swojej organizacji osiągnąć jej cele, zaangażować się i pozostawić jej misję do realizacji. Dlatego też ustalenia dotyczące silnej empirycznej relacji pomiędzy konstrukcjami wsparcia organizacyjnego a zaangażowaniem nauczycieli przyczyniają się do tego twierdzenia. Stwierdzony znaczący związek pomiędzy wsparciem organizacyjnym a zaangażowaniem nauczycieli wspiera również niektóre wcześniejsze badania. Wsparcie w zakresie nadzoru można by porównać do wsparcia w zakresie zarządzania i przywództwa, sprawiedliwe traktowanie i nagradzanie jest związane z nagradzaniem i uznaniem stosowanym w tym badaniu, a korzystna sytuacja w pracy jest również związana z korzystnym środowiskiem pracy.

4.4.3 Zadowolenie i zaangażowanie w pracę

4.4.3.1 Normalność i liniowość

W badaniu wykorzystano standardowy wykres normalnego prawdopodobieństwa zwany również "wykresem normalnego prawdopodobieństwa Q-Q" do zbadania założeń dotyczących normalności i liniowości. Jest to obserwacja wykresu normalnego prawdopodobieństwa prostoliniowego, który jest wskaźnikiem normalności i liniowości. Wyniki przedstawiono na rysunku 4.3.

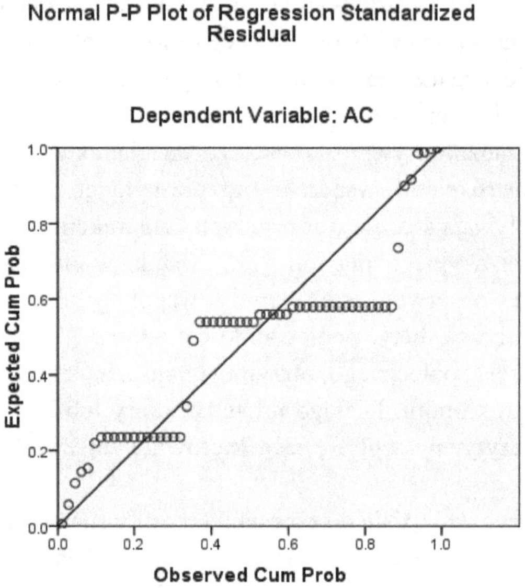

Rysunek 4.3: Test diagnostyczny normalności i liniowości z Satysfakcją z Pracy
Źródło: Badanie terenowe (2018)

Wyniki przedstawione na rysunku 4.3 pokazują rozsądną linię przekątną, która przechodzi przez kilka punktów. Sugeruje to, że normalność i liniowość w badanych zmiennych, jak zakłada regresja, zostały spełnione.

4.4.3.2 Analiza diagnostyczna z uwzględnieniem wieloliniowości

Założenie wieloliniowości jest również jednym z podstawowych założeń dla standardowej regresji wielokrotnej w celu uzyskania wiarygodnych wyników. Uważa się, że tam, gdzie korelacja pomiędzy niezależnymi zmiennymi wynosi 0,7 i więcej, istnieje możliwość wystąpienia problemu wieloliniowości, dlatego też takie zmienne nie powinny być analizowane jednocześnie. Jak wspomniano wcześniej, do testowania tego założenia można również wykorzystać "Współczynnik Tolerancji i Zmienności Inflacji (VIF)". Wyniki przedstawiono w tabeli 4.18. Można zauważyć, że istnieje możliwość wystąpienia problemu wieloliniowości pomiędzy postawą zawodową a społeczną. Dlatego jedna ze zmiennych jest szacowana przy pomocy psychologicznej postawy w celu skorygowania problemu.

Tabela 4.18: Analiza wielokoliniowości w konstrukcjach satysfakcji z pracy nauczyciela

	Stanowisko pracy	Postawa społeczna	Postawa psychologiczna
Stanowisko pracy	1.000	0.720***	0.362***
Postawa społeczna	0.720***	1.000	0.144***
Postawa psychologiczna	0.362***	0.144***	1.000

Źródło: Badanie terenowe (2018)

W ramach badania przystąpiono do oszacowania zależności z uwzględnieniem wyników testu diagnostycznego. Wyniki statystyczne zostały przedstawione w tabeli 4.18. Wyniki zostały przedstawione w trzech modelach: zaangażowanie afektywne, które zostało uchwycone jako model AC, zaangażowanie ciągłości oznaczone jako model CC oraz zaangażowanie normatywne reprezentowane przez model NC.

W każdym z modeli tabela podaje wartości R2 i f-statystyki. Z tabeli można zauważyć, że R2 dla modelu AC wynosi 0,555, 0,207 dla modelu CC i 0,180 dla modelu NC. Wynika z tego, że wymiary satysfakcji z pracy nauczyciela wyjaśniają około 55,5%, 20,7% i 18% zmian w poziomie Efektywnego Zaangażowania Nauczyciela, Zaangażowania Ciągłego i Normatywnego w Ola College of Education.

Ponadto, tabela 4.6 przedstawia statystykę f-statystykę 34.315 (0.001) dla modelu AC, 3.389 (0.0207) dla modelu CC i 3.865 (0.014) dla modelu NC. Statystyka f-stat wyjaśnia wspólne znaczenie wszystkich niezależnych zmiennych (zmiennych dotyczących satysfakcji z pracy nauczyciela) w odniesieniu do zmian w zaangażowaniu nauczycieli. Tak więc, chociaż indywidualne wymiary satysfakcji z pracy nauczyciela mogą nie być istotne, to mogą być istotne w przypadku równoczesnego zatrudnienia w innych konstrukcjach. Wszystkie f-statystyki są istotne na poziomie 1%, 5% i 5% odpowiednio dla modelu AC, CC i NC. Sugeruje to, że trzy wymiary satysfakcji z pracy nauczyciela, a mianowicie postawa zawodowa (JA), postawa społeczna (SA) i postawa psychologiczna (PA) są ważnymi antecedentami zaangażowania nauczycieli w Ola College of Education w Ghanie.

Tabela 4.6 podaje również współczynnik lub beta (β) trzech wymiarów satysfakcji z pracy nauczyciela. Te szacunki lub współczynniki są wykorzystywane do określenia charakteru i kierunku relacji pomiędzy satysfakcją z pracy a poziomem zaangażowania nauczycieli Ola College of Education. Zgodnie z modelem zaangażowania afektywnego (model AC) przedstawionym w tabeli 4.6, wszystkie wymiary satysfakcji z pracy nauczyciela wykazują znaczący wpływ na poziom zaangażowania afektywnego. Można zaobserwować, że stosunek do pracy ma znaczący wpływ, co widać w nawiasie (β = 0,559; p=,001). Podobnie, postawa społeczna wykazała istotny wpływ (β = 0,390; Sig. = .000), a także postawa psychologiczna (β = 0,101; p=,0703). Wyniki te wskazują, że postawa zawodowa, społeczna i psychologiczna są istotne odpowiednio na poziomie 1%, 1% i 10%.

Tabela 4.19: Oszacowanie wpływu satysfakcji z pracy na zaangażowanie nauczycieli

	Beta	t-stat	Sig.	R2	f-stat
Model AC				0.555	34.315(0.000)
JA*	0.559	7.691	0.000		
SA*	0.390	3.913	0.000		
PA*	0.101	2.414	0.073		
Model CC				0.207	3.389(0.027)
JA	0.095	0.195	0.847		
SA	0.842	1.656	0.105		
PA	-0.650	-2.097	0.042		
Model NC				0.180	3.865(0.014)
JA	0.447	2.412	0.019		
SA	-0.677	-3.399	0.001		
PA	-0.064	-0.773	0.443		

Uwaga:* JA oznacza nastawienie zawodowe, SA jest nastawieniem społecznym, a PA oznacza nastawienie psychologiczne.

Źródło: Badanie terenowe (2018)

Współczynniki lub bety są pozytywne, co oznacza, że relacje są pozytywne. Wyniki te oznaczają, że trójwymiarowa satysfakcja z pracy ma pozytywny wpływ na poziom zaangażowania emocjonalnego nauczyciela. Badanie odrzuca zatem zerową hipotezę, że satysfakcja z pracy nie ma znaczącego wpływu na zaangażowanie afektywne nauczyciela. Dalszym wnioskiem wynikającym ze współczynników lub bety jest to, że wzrost poziomu postawy zawodowej nauczyciela, postawy społecznej i psychologicznej doprowadziłby do wzrostu poziomu afektywnego zaangażowania nauczyciela odpowiednio o 0,559, 0,390 i 0,101 punktu i na odwrót, przy czym wszystkie inne rzeczy byłyby takie same. Stwierdza się zatem, że te trzy zmienne dotyczące satysfakcji z pracy są ważnymi antagonistami afektywnego zaangażowania. Oznacza to, że w budowaniu afektywnego zaangażowania nauczycieli decydenci powinni uwzględnić te wymiary.

Odnosząc się do wyników oszacowania modelu zaangażowania ciągłości, można stwierdzić, że wyniki są mieszane, jeśli chodzi o charakter i kierunek relacji. Jeśli chodzi o kierunek, można zaobserwować, że gwizdki w dwóch wymiarach mają pozytywny efekt, a w jednym z nich efekt negatywny. Współczynniki lub betas i odpowiadające im wartości znaczące są następujące: postawa zawodowa (β=0,195; p=,847), postawa społeczna (β=0,842; p=,105) i postawa psychologiczna (β=-0,650; p=,042). Oznacza to, że o ile postawa zawodowa i społeczna ma pozytywny wpływ na poziom zaangażowania ciągłości pracy nauczyciela, to postawa psychologiczna ma negatywny wpływ na poziom zaangażowania ciągłości pracy nauczyciela.

Dodatkowo, jeśli chodzi o charakter relacji, tylko postawa psychologiczna ujawniła znaczący wpływ na poziom zaangażowania nauczyciela w kontynuację pracy. Wynika z tego, że w badaniu nie odrzucono zerowej hipotezy, że postawa zawodowa i społeczna nie mają istotnego wpływu na poziom zaangażowania ciągłości pracy nauczyciela. Jednakże, licząc na postawę psychologiczną, znaleziono dowody istotnego wpływu na poziomie 5% i dlatego odrzuca się hipotezę zerową.

W odniesieniu do zobowiązania normatywnego, Tabela 4.18 podaje następujące szacunki: postawa zawodowa (β = 0,447; p=,019), postawa społeczna (β = -0,677; p=,001) i postawa psychologiczna (β = -0,064; p=0,443). Te bety wskazują, że tylko postawa zawodowa ma pozytywny wpływ na zaangażowanie normatywne nauczyciela. Postawa społeczna i psychologiczna mają negatywny wpływ i są widoczne w ich negatywnych betach. Jednak, jeśli chodzi o poziom istotności, tylko postawa psychologiczna wykazywała znikomy wpływ. Wynika z tego, że postawa zawodowa ma istotny pozytywny wpływ na zaangażowanie normatywne gwiżdże postawą społeczną skutki zaangażowania normatywnego w znacznym stopniu negatywne. Postawa psychologiczna nie ma jednak istotnego wpływu na poziom zaangażowania normatywnego.

Wyniki te są częściowo zgodne z oczekiwaniami badania, a częściowo potwierdzają te oczekiwania. Stwierdzony znaczący pozytywny efekt pomiędzy wszystkimi zmiennymi zadowolenia z pracy i afektywnego zaangażowania jest zgodny z oczekiwaniami badania. Negatywny wpływ postawy psychologicznej na zaangażowanie kontynuacyjne oraz postawy psychologicznej i społecznej na zaangażowanie normatywne nie spełniają jednak oczekiwań badania. W badaniu przewidywano, że wzrost satysfakcji z pracy może zwiększyć wszystkie wymiary zaangażowania nauczycieli. Ogólny pozytywny wpływ wszystkich wymiarów satysfakcji z pracy na zaangażowanie afektywne oraz niektóre z nich na kontynuację i zaangażowanie normatywne są w pewnym stopniu zgodne z niektórymi badaniami empirycznymi. Autorzy ci stwierdzili, że satysfakcja z pracy ogólnie rzecz biorąc zwiększa zaangażowanie poszczególnych nauczycieli i rodzi postawy obywatelskie w organizacji.

Mieszane ustalenia dotyczące wymiarów satysfakcji z pracy w odniesieniu do zaangażowania normatywnego dostarczają teoretycznych implikacji. Wyniki sugerują, że zadowolenie z pracy jest konstrukcją wielowymiarową i dlatego ocena i oszacowanie jej jako pojedynczej konstrukcji może być myląca i może prowadzić do błędnych wniosków. Każdy wymiar przedstawia unikalne informacje i ma unikalny efekt. Oznacza to, że wyniki tego badania stanowią podstawę do modelowania koncepcji satysfakcji z pracy. Pozytywny wpływ postawy społecznej i psychologicznej pracy na zaangażowanie afektywne oznacza, że nauczyciele z Ola College of Education nie tylko postrzegają swoją pracę jako podstawowe źródło dochodu, ale także w inny sposób jako ważną dziedzinę życia. Praca nauczycieli zajmuje ważną część i godzinę dnia każdego z nich i uważa ich za główne źródło reputacji i pozycji społecznej. Mogło to przyczynić się do powstania silnego pozytywnego związku między postawą społeczną a afektywnym zaangażowaniem. Podobnie, pozytywny wpływ postawy psychologicznej na zaangażowanie sugeruje, że nauczyciele postrzegają swoją pracę jako podstawę do określenia, kim są, a tym samym wpływa na ich postawy psychiczne i fizyczne.

4.4.4 Model teoretyczny, który wyjaśnia wsparcie organizacyjne, zadowolenie z pracy i zaangażowanie

W tej sekcji testowane są odpowiednie założenia, na których opiera się standardowa regresja wielokrotna. W badaniu wykorzystano odpowiednie testy diagnostyczne do przeprowadzenia badań nad założeniami. Założenia te obejmują normalność, liniowość i wieloliniowość.

4.4.4.1 Normalność i liniowość

Standardowy wykres normalnego prawdopodobieństwa jest używany do testowania założeń normalności i liniowości. Zgodnie z literaturą obserwacja wykresu normalnego prawdopodobieństwa prostoliniowego jest wskaźnikiem normalności i liniowości. Z rysunku 4.4 widać, że linia przechodzi przez szereg punktów wskazujących na rozsądną prostą. Oznacza to, że normalność i liniowość w badanych zmiennych, zgodnie z założeniami regresji, zostały spełnione.

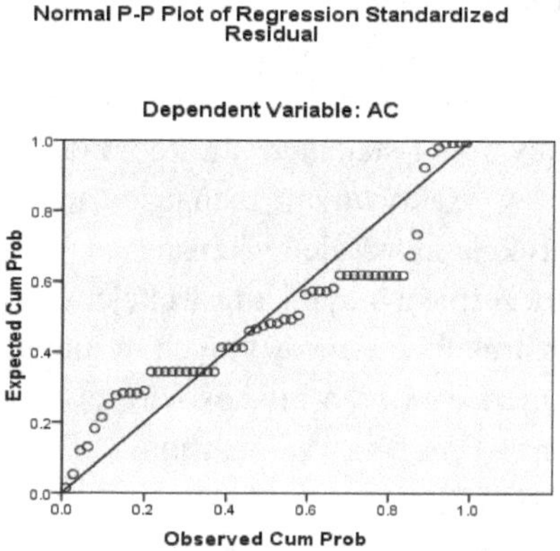

Rysunek 4.4: Test diagnostyczny normalności i liniowości z zaangażowaniem nauczyciela
Źródło: Badanie terenowe (2018)

4.4.5 Ograniczanie wpływu satysfakcji z pracy na wsparcie organizacyjne i zaangażowanie nauczycieli

W tej części rozdziału przedstawione są statystyki i dyskusje na temat interakcji satysfakcji z pracy pomiędzy wsparciem organizacyjnym a zaangażowaniem nauczycieli. Wyniki przedstawione są w tabeli 4.19. W badaniu wykorzystano zaangażowanie nauczyciela jako zaangażowanie afektywne. Pierwszą ze statystyk są statystyki R2 i f-statystyki. Są one wykorzystywane do oceny przydatności modelu. Z tabeli można zauważyć, że R2 dla modelu AC wynosi 0,800. Oznacza to, że moderowanie wsparcia organizacyjnego konstruuje z satysfakcją z pracy, zmienne wsparcia organizacyjnego są w stanie wyjaśnić około 80% zmienności poziomu Efektywnego Zaangażowania Nauczyciela w Ola College of Education. Jest to wartość wyższa niż 67% wygenerowane w tabeli 4.19 w tym samym modelu AC bez roli moderatora satysfakcji z pracy lub roli interaktywnej. Wysokie R2 oznacza, że konstrukcje wsparcia organizacyjnego mogą stać się skutecznym antecedentem w modelowaniu zaangażowania nauczycieli w kolegium, gdy satysfakcja z pracy jest również zwiększona.

Dodatkowo w tabeli 4.19 przedstawiono statystykę f-statystykę w wysokości 41 681 (0 000) dla szacunkowego modelu interaktywnego. Wartość sig. znajduje się w nawiasie. Wartość sig. jest mniejsza niż 1%, co oznacza, że stan f-stat jest znaczący i wynosi 1%. Statystyka f-stat mierzy stopień, w jakim wsparcie organizacyjne konstruowane przy pomocy terminów interaktywnych jest łącznie istotne dla wyjaśnienia zmian w zaangażowaniu nauczycieli. Znaczący stan f-stat sugeruje, że zmienne są łącznie istotne w wyjaśnianiu zmian w afektywnym zaangażowaniu. Tak więc, chociaż poszczególne konstrukcje mogą nie być znaczące, mogą być znaczące, gdy są zatrudnione jednocześnie z innymi konstrukcjami. Wynika z tego, że pięć wymiarów lub konstrukcji organizacyjnych wspierających satysfakcję z pracy jako termin interaktywny, a mianowicie równowaga między pracą a życiem prywatnym* (WLB*), zarządzanie i przywództwo* (ML*), środowisko pracy* (WE*), wsparcie społeczne* (SS*) oraz nagradzanie i uznawanie* (RR*) są ważnymi przykładami zaangażowania nauczycieli w Ola College of Education w Ghanie.

Tabela 4.20: Oszacowanie wpływu wsparcia organizacyjnego na nauczyciela Zobowiązanie

	Beta	t-stat	Sig.	R2	f-stat
Model AC				0.80-0	41.681(0.000)
WLB*	0.086	3.103	.003		
ML*	0.201	5.226	.000		
MY*	0.058	2.316	.025		
SS*	-0.088	-4.382	.000		
RR*	-0.061	-2.649	.011		

Uwaga: * oznacza terminy interaktywne
Źródło: Badanie terenowe (2018)

Tabela 4.20 przedstawia ponadto współczynniki lub betas (β) indywidualnego wymiaru wsparcia organizacyjnego oraz termin interaktywny. Podobnie jak wyniki estymacji modelu zaangażowania afektywnego (model AC) w tabeli 4.20, trzy spośród zmiennych wsparcia organizacyjnego o interaktywnym wymiarze (satysfakcja z pracy) wykazały istotny pozytywny wpływ na poziom zaangażowania afektywnego dwie z tych zmiennych wykazały ujemną skuteczność. W związku z tym, jeśli chodzi o kierunek relacji, interaktywne terminy nie zmieniły ustaleń.

W ten sposób równowaga między pracą a życiem prywatnym, zarządzanie i przywództwo oraz środowisko pracy zachowały swój znaczący pozytywny wpływ na poziom zaangażowania afektywnego. Z drugiej strony, konstrukcje: wsparcie społeczne i nagradzanie oraz uznanie zachowały również swój negatywny wpływ na poziom afektywnego zaangażowania. Niemniej jednak, charakter tej relacji uległ pewnym zmianom. W przeciwieństwie do wyników przedstawionych w tabeli 4.20, gdzie nagroda i uznanie okazały się nieistotne, aczkolwiek negatywne, z tabeli 4.20 wynika jasno, że wszystkie konstrukcje wsparcia organizacyjnego, w tym nagroda i uznanie, mają istotne znaczenie dla wyjaśnienia zachowania zaangażowania afektywnego. Wzmacnia to przekonanie, że wsparcie organizacyjne staje się skutecznym antecedentem do modelowania zaangażowania, gdy istnieje pewien uzasadniony poziom satysfakcji z pracy. Wniosek jest taki, że zadowolenie z pracy jest krytycznym pojęciem interaktywnym lub zmienną moderującą dla relacji pomiędzy wsparciem organizacyjnym a afektywnym zaangażowaniem.

4.4.6 CEL JEDNEGO Z BADAŃ

Pierwszym celem badania jest opracowanie teoretycznego modelu, który wyjaśni konstrukcje wsparcia organizacyjnego, satysfakcji z pracy i zaangażowania nauczycieli. Cel ten został przeanalizowany za pomocą przeglądu dokumentacji wraz z analizą merytoryczną i tematyczną.

Dla osiągnięcia tego celu opracowano następujące pytanie badawcze:
P1: W jaki sposób teoretycznie modeluje się wsparcie organizacyjne, satysfakcję z pracy i zaangażowanie nauczyciela?

Odpowiadając na to pytanie badawcze, studium stosuje treść i analizę tematyczną do bogactwa teorii, badań empirycznych, elementów składowych i antyków. Stwierdzono, że wsparcie organizacyjne, zadowolenie z pracy i zaangażowanie nauczycieli to konstrukcje wielowymiarowe, a nie pojedyncze pojęcia. Przegląd dokumentacji wykazał, że wsparcie organizacyjne może być modelowane na podstawie pięciu konstrukcji. Są to: równowaga między pracą a życiem prywatnym, zarządzanie/kierowanie, środowisko pracy, wsparcie społeczne oraz nagroda i uznanie (Christeen, 2015; Kyndt, Dochy, Michielsen i Moeyaert, 2009; Laabs, 1996; Noah, 2008; Paillé, 2013).

Na podstawie przeglądu dokumentacji stwierdzono, że zadowolenie z pracy może być realizowane z trzech konstrukcji. Są to: postawa zawodowa, postawa społeczna i postawa psychologiczna. Wzorowały się one na wnioskach wyciągniętych z doświadczeń Hulina i Sędziego (2003 r.) i ram Pensylwańskiego Uniwersytetu Państwowego (2010 r.) oraz Falkenburga i Schynsa (2007 r.), omówionych w rozdziale drugim niniejszej pracy.

Dowody te, pochodzące z literatury i zrozumienia każdej z tych zmiennych, ich konstrukcji, wcześniejszych okresów i sposobu, w jaki są one ze sobą powiązane, są wykorzystywane w niniejszym opracowaniu do opracowania kompleksowego modelu właściwego dla szkół wyższych. Koncepcje wsparcia organizacyjnego, satysfakcji z pracy i zaangażowania nauczycieli wydają się być teoretycznie powiązane ze sobą, jak wynika z literatury (Haorei, 2012; Imran i in. 2014; Lock, 1976). Dlatego też w badaniu zaproponowano model wyjaśniający związek pomiędzy wsparciem organizacyjnym, satysfakcją z pracy i zaangażowaniem nauczycieli w formie przedstawionej na rysunku 4.4.

Proponowany zintegrowany model, przedstawiony na rysunku 4.4, sugeruje, że w celu zarządzania lub rozwijania zaangażowania nauczycieli, należy zidentyfikować dwa kluczowe elementy: wsparcie organizacyjne i zadowolenie z pracy. Wykorzystanie tych elementów i wdrożenie ich mogłoby zwiększyć poziom wsparcia organizacyjnego i satysfakcji z pracy.

Ustalenia z dochodzenia ilościowego w ramach celów od drugiego do czwartego potwierdzają znaczenie tego proponowanego modelu. Ustalenia wykazały, że konstrukcje wsparcia organizacyjnego i wymiary satysfakcji z pracy, przedstawione na rysunku 4.4, stanowią ważny element zaangażowania nauczycieli. Dodatkowo, badania empiryczne przeprowadzone w ramach tego badania, jak wynika z analizy kwestionariuszy, ujawniły, że satysfakcja z pracy może również służyć jako interaktywny termin określający związek pomiędzy wsparciem organizacyjnym a zaangażowaniem nauczycieli. Te empiryczne dowody sprawiają, że proponowany model ma znaczenie dla budowania zaangażowania nauczycieli.

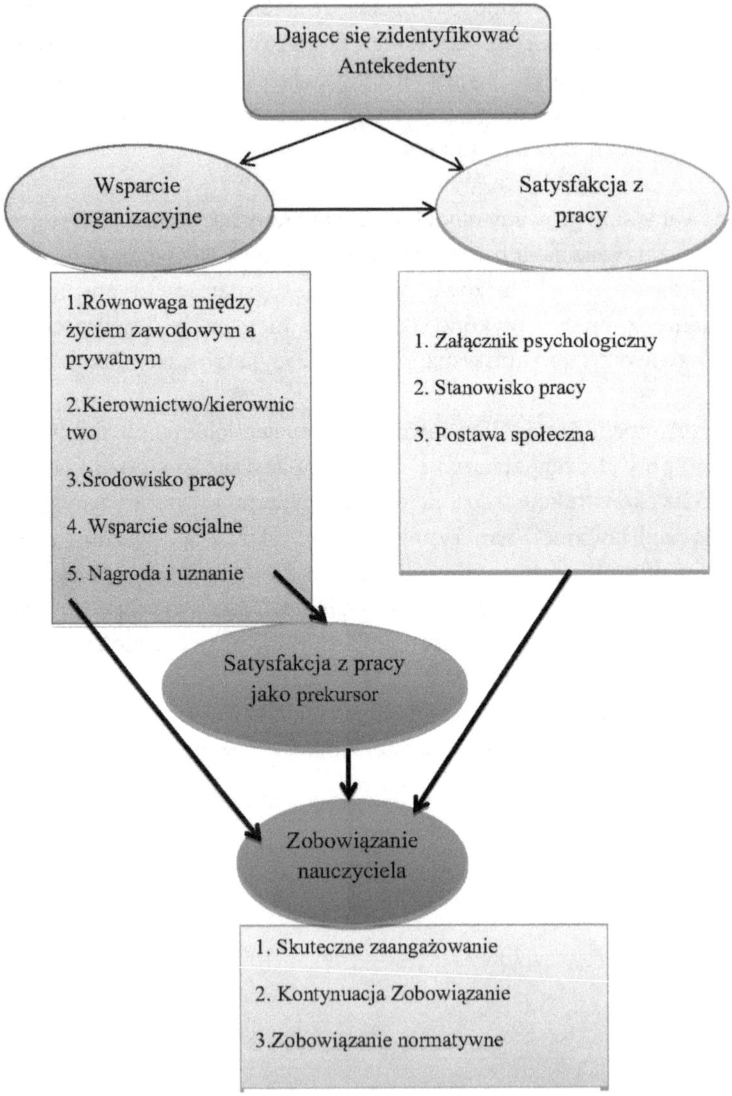

Rysunek 4.4: Model teoretyczny: Wsparcie organizacji i zadowolenie z pracy
Model zaangażowania nauczyciela w szkole wyższej

Źródło: Nartey Proponowany model

4.5 WNIOSKI Z KWESTIONARIUSZY

Analiza i dyskusje na temat ustaleń zawartych w kwestionariuszach dostarczyły istotnych dowodów empirycznych. Analiza infekcyjna wykazała, że konstrukcje wsparcia organizacyjnego wykorzystane w tym badaniu mają istotny wpływ na poziom zaangażowania nauczycieli. Kierunki tego wpływu są jednak różne. Ogólnie rzecz biorąc, trzy z tych zmiennych: równowaga między pracą a życiem prywatnym, zarządzanie i przywództwo oraz środowisko pracy są kluczowe dla poprawy zaangażowania nauczycieli. Jednak wsparcie społeczne oraz nagrody i uznanie mogą nie być istotnymi czynnikami wpływającymi na poprawę zaangażowania nauczycieli. Stwierdzono, że zadowolenie z pracy jest istotnym czynnikiem wpływającym na zaangażowanie nauczycieli. Na podstawie analizy kwestionariusza stwierdzono również, że satysfakcja z pracy może być uznana za konstrukcję wielowymiarową. Stwierdzono również, że satysfakcja z pracy może łagodzić związek pomiędzy wsparciem organizacyjnym a zaangażowaniem nauczycieli. W następnej części przedstawiono analizę rozmowy kwalifikacyjnej, którą w tym badaniu uznano za przegląd dokumentów.

4.6 ANALIZA WYWIADÓW

W celu przeprowadzenia rozmowy kwalifikacyjnej została wybrana liczba pracowników dydaktycznych uczelni. Uczestnikom zadano pytania dotyczące sposobu realizacji celów obecnego badania.

4.6.1 Wpływ wsparcia organizacyjnego na zaangażowanie nauczycieli w szkołach wyższych w Ghanie

W trakcie wywiadu respondenci byli proszeni o zdawanie relacji na temat tego, co w ich odczuciu ma wpływ na wsparcie, jakiego udziela im instytucja i w jakim stopniu może się to wiązać z ich zaangażowaniem w działalność instytucji. Dokładna analiza odpowiedzi sprawia wrażenie, że respondenci zdają sobie sprawę z tego, że wsparcie, które otrzymują, jest bardzo istotne dla ich dalszego zaangażowania w działalność instytucji. Uważają, że w przypadku instytucji wspierającej ich pracę, to właśnie wtedy, gdy zdają sobie sprawę z tego, że zależy im na dobrym samopoczuciu i dlatego mają tendencję do odwzajemnienia tego, że z wyższą formą emocjonalnego przywiązania pomagają szkole w osiąganiu jej celów. Wybrane komentarze zostały przedstawione poniżej;

"jest to bardzo prawdziwe i myślę, że kiedy instytucja zyska reputację instytucji, która zajmuje się potrzebami i troskami pracowników, wtedy oczywiście pracownicy również zabiją się i będą pracować dla ciebie. To działa również w przeciwnym kierunku, ponieważ jeśli ich nie wesprzesz, to nie pomogą oni również firmie, a to jest jeszcze bardziej niebezpieczne...".

Inny godny uwagi komentarz również to utrzymywał;

"pracownicy zdecydowanie potrzebują największego wsparcia ze strony instytucji, aby to zrobić. Myślę, że zasada jest taka, że jeśli mnie zatrudnisz, będziesz musiał wykonać swoją część, upewniając się, że nie mam potrzeby ani żadnych ograniczeń, jeśli chodzi o wykonywanie mojej pracy... ale co widzimy w Ghanie, zrozumiesz, że nauczyciele są najmniej troskliwi spośród wszystkich urzędników państwowych, a jednak tak wiele się od nas oczekuje...".

Inny respondent zwrócił uwagę, że jeśli chodzi o zaangażowanie, wiele musi zrobić rząd za pośrednictwem ministerstwa, ponieważ nie ma potrzeby podkreślania znaczenia wsparcia organizacyjnego w egzekwowaniu zaangażowania nauczycieli. Mimo to, większość nauczycieli, którzy mieli okazję zauważyć w podsumowaniu, co następuje;

"...my, nauczyciele, wymagamy wysokiego poziomu wsparcia instytucjonalnego i rządowego, jeśli chodzi o naszą pracę, aby zrekompensować nasze wysiłki i lojalność, aby pozostać w zawodzie, ponieważ jeśli coś się nie zmieni, zastanowimy się dwa razy...".

Z odpowiedzi można zatem wywnioskować, że respondenci uznają fakt, iż zaangażowanie pracowników lub ich przywiązanie do danej organizacji sygnalizuje, że wkład i doświadczenie pracowników są w dużym stopniu zależne od zakresu wsparcia organizacyjnego, jakie otrzymują. Jest to zgodne z literaturą, ponieważ teoria wymiany społecznej utrzymuje, że wsparcie organizacyjne stało się współczesnym wpływem na określenie wartości i prawdziwego znaczenia relacji wymiany między pracownikami a ich pracodawcami. Innym istotnym aspektem wsparcia organizacyjnego jest to, że wyraźnie wysyła ono do pracodawców komunikat o oczekiwanych zachowaniach ich pracowników.

4.6.2 Stopień, w jakim zadowolenie z pracy wpływa na poziom zaangażowania

Istnieje interakcja pomiędzy postrzeganiem, wglądem, obserwacją i poglądami pracowników na temat charakteru miejsc pracy, jak również ich środowiska pracy, a tym, że zadowolenie pracowników wpływa na poziom ich zaangażowania w daną organizację. Zwolennicy zdefiniowali to jako emocjonalną i sentymentalną przynależność jednostki do przebiegu działalności organizacji lub instytucji. Na tym tle poszukiwano opinii respondentów, aby dowiedzieć się, w jakim stopniu ich zadowolenie z pracy wpływa na poziom ich zaangażowania i poczucie przynależności do instytucji.

Odpowiedzi odzwierciedlają dość interesujące stanowisko przyjęte przez respondentów. Większość odpowiedzi sugeruje, że respondenci nie są zadowoleni z obecnych warunków pracy, na jakie ich stać. Uważają oni, że ich warunki pracy nie są niczym, o czym mogliby pisać w domu i twierdzą, że w związku z otwarciem jakiejkolwiek możliwości odejdą z pracy. Po ich odpowiedziach można założyć, że poczucie przynależności do instytucji jest raczej niskie, podobnie jak niezadowolenie z ich obecnych warunków pracy. Wybrane odpowiedzi zostały przedstawione poniżej;

"Ale musicie już wiedzieć, że zawód nauczyciela w Ghanie nie jest dobry... pracujemy i pracujemy, ale nie mamy nic do pokazania. Oznakowujesz scenariusze, planujesz lekcje, chodzisz na zajęcia, zajmujesz się uczniami, a jednak po tym wszystkim moja płaca nie może mi zabrać nawet więcej niż miesiąc... dla mnie to tylko krok naprzód!!!!"

"Jest wiele problemów w systemie, głównie mamy tyle problemów, co nauczyciele w tym college'u. Taki system jest tak upolityczniony, że nie masz tchu wolnego sumienia, by robić cokolwiek sensownego... to wtedy, gdy jest największa satysfakcja płynąca z robienia czegoś, co uważasz za pasjonujące, do czego się angażujesz, ale tutaj nie jest tak, że większość z nas chce wyjechać stąd do innych szkół...".

"...zadowolony z tej pracy? Co to za pytanie? Jak możemy być zadowoleni? Jesteśmy naprawdę zdegradowani do tła to ten rząd, że widzimy, że próbuje coś zrobić, ale ogólnie rzecz biorąc, mogę powiedzieć, że wiele trzeba zrobić,

ponieważ nasz poziom zaangażowania jest naprawdę w dół... Mam przyjaciół korepetytorów w innych szkołach wyższych, którzy mówią mi, że niektórzy z ich kolegów wyjeżdżają do Chin i Japonii. Dlaczego?"

Z odpowiedzi można wywnioskować, że większość respondentów rozpoznaje aktualny stan ich warunków pracy i jako taki opisuje go jako nieadekwatny. Można powiedzieć, że mają niski poziom zaangażowania w działalność instytucji, co jest wynikiem złych warunków pracy.

4.6.3 Związek między wsparciem organizacyjnym a zaangażowaniem nauczycieli w szkołach wyższych w Ghanie

Respondenci zostali następnie poproszeni o wyrażenie opinii na temat relacji pomiędzy wsparciem organizacyjnym a zaangażowaniem nauczycieli. Twierdzili, że te trzy elementy są ze sobą ściśle powiązane, ponieważ w ten czy inny sposób wszystkie prowadzą do jednej rzeczy. Interesujące jest to, że respondenci zdecydowali się raczej na uszeregowanie tych trzech elementów, z których większość uważała, że wsparcie organizacyjne pozostaje podstawą dla pozostałych dwóch czynników. Poza wsparciem organizacyjnym przychodzi zaangażowanie, które w opinii respondentów prowadzi do satysfakcji z pracy. Wybrane komentarze zostały omówione poniżej;

"Myślę, że te trzy rzeczy są bardzo powiązane... nie może być mowy o zaangażowaniu w pracę, gdy nie ma wsparcia ze strony instytucji lub jest ono niedostępne. Tak więc, myślę, że wsparcie instytucjonalne jest na pierwszym miejscu, które uwydatni zaangażowanie ludzi, czyniąc ich wygodnymi *i łatwymi w wykonywaniu ich pracy, a biorąc pod uwagę to sprzyjające środowisko, pracownicy są zadowoleni z pracy. Tak się właśnie dzieje..."*

Inny utrzymywał, że;

"Są one ze sobą powiązane, ponieważ kiedy się nad tym krytycznie zastanowić, można zauważyć, że większość pracowników nie jest zadowolona z pracy, którą wykonują, ponieważ zazwyczaj nie otrzymują takiego wsparcia, jakie powinni otrzymać, a to sprawia, że są mniej zaangażowani

w działalność organizacji. Myślę, że jest to rzecz cykliczna, poza tym, że nie widzę, jak się ze sobą łączą..."

Ciekawy jeden z respondentów zauważył;

"Pozwólcie mi wykorzystać siebie jako przykład, gdy siedzę tutaj i rozmawiam z wami, mam zamiar porzucić stanowisko z tego college'u, ponieważ nie mamy poparcia dla jego całego stresu, a niektórzy z nas są zdania, że college'y edukacyjne muszą zostać podniesione do rangi uniwersytetu, tak aby wszystkie te osły, które muszą nadzorować 24-latka do nauki, zostały zabrane. Nie rozumiem tego... dlaczego miałbym tracić sen z powodu 24, 25-latka, który zdecydował się nie uczyć? Nie, więc myślimy, że nadszedł czas, jeśli ta aktualizacja nie zostanie ukończona i pojawi się szansa, że odejdziemy, to znaczy..."

Analiza odpowiedzi pozwala stwierdzić, że respondenci rozumieją i doceniają wzajemne oddziaływanie pomiędzy wsparciem organizacyjnym, zaangażowaniem i satysfakcją z pracy. Wielu z nich uważa, że jest jeszcze więcej do zrobienia, ponieważ w sektorze edukacji wzrasta poziom niezadowolenia. Nauczyciele są nosicielami wiedzy w kraju i jeśli stracą zainteresowanie i poczucie zaangażowania oraz pasję do tego sektora, nic nie stanie na przeszkodzie przyszłemu pokoleniu. Na podstawie wyników można stwierdzić, że nauczyciele nie są zadowoleni ze swojej pracy, ponieważ brak jest instytucjonalnego wsparcia ze strony odpowiednich uczelni, co stopniowo prowadzi do stanu, w którym nauczyciele nie mają żadnej formy zaangażowania, przynależności czy przywiązania do instytucji.

4.7 WNIOSKI Z PRZEPROWADZONYCH WYWIADÓW

Z przeprowadzonych wywiadów można zatem wywnioskować, że respondenci uznają fakt, iż zaangażowanie pracowników lub ich przywiązanie do danej organizacji sygnalizuje, że wkład i doświadczenie pracowników są w dużym stopniu zależne od zakresu wsparcia organizacyjnego, jakie otrzymują.

Dodatkowo, respondenci rozpoznają aktualny stan ich warunków pracy i jako taki określają go jako nieadekwatny. Można powiedzieć, że mają niski poziom przywiązania do instytucji, co jest wynikiem złych warunków pracy.

Ponadto, respondenci mają należyte zrozumienie i uznanie dla wzajemnych relacji pomiędzy wsparciem organizacyjnym, zaangażowaniem i satysfakcją z pracy. Wielu z nich uważa, że jest jeszcze więcej do zrobienia, ponieważ w sektorze edukacji wzrasta poziom niezadowolenia. Nauczyciele są nosicielami wiedzy w kraju i jeśli stracą zainteresowanie i poczucie zaangażowania oraz pasję do tego sektora, nic nie stanie na przeszkodzie przyszłemu pokoleniu. Na podstawie wyników można stwierdzić, że nauczyciele nie są zadowoleni ze swojej pracy, ponieważ brak jest instytucjonalnego wsparcia ze strony odpowiednich uczelni, co stopniowo prowadzi do stanu, w którym nauczyciele nie mają żadnej formy zaangażowania, przynależności czy przywiązania do instytucji.

ROZDZIAŁ PIĄTY. OCENA BADAŃ

5.0 STRESZCZENIE

Edukacja jest powszechnie uznawana za jeden ze wskaźników rozwoju. Jednym z podstawowych celów edukacji jest tworzenie wyszkolonych zasobów ludzkich, które mogą pokonać przeszkody w rozwoju danego kraju. Aby to osiągnąć, w sektorze musi istnieć zadowolona siła robocza. Pracownicy, którzy mają wysoki poziom satysfakcji z pracy, poświęcają swój czas, energię i wysiłek na pracę, która przekłada się na wysoką wydajność. Ze względu na lepsze wyniki osiągane przez zadowolonych pracowników, najważniejszym priorytetem wszystkich organizacji jest osiągnięcie pożądanych celów poprzez zwiększenie ich satysfakcji. Pozytywne lub korzystne nastawienie do pracy i środowiska pracy wskazuje na satysfakcję z pracy, a odwrotnie, odnoszące się do negatywnych lub niekorzystnych postaw wobec pracy, wskazują na niezadowolenie z pracy.

Wiele badań postrzega satysfakcję z pracy nauczyciela jako funkcję postrzeganej relacji pomiędzy tym, czego chce się nauczać, a tym, co postrzega się jako ofertę dla nauczyciela. Nauczyciele są najbardziej krytycznymi zasobami w szkole. Dlatego też są oni kluczowymi osobami dla wszelkich zmian potrzebnych w szkole. Zapewnienie wysokiej jakości systemu edukacji zależy od wysokiej jakości nauczycieli. Wysokie morale nauczycieli, odpowiednia wiedza przedmiotowa oraz ich specjalistyczne umiejętności pedagogiczne mają zasadnicze znaczenie dla jakości nauczania i uczenia się. Jakość nauczycieli, ich zaangażowanie, satysfakcja i motywacja są czynnikami decydującymi o tym, że uczący się mogą czerpać korzyści z systemu edukacji. Nauczyciele są wzorem do naśladowania, ponieważ są filarami społeczeństwa, które pomagają uczniom nie tylko rozwijać się, ale także być potencjalnymi liderami następnego pokolenia i brać na siebie odpowiedzialność za to, by wyprzedzać swój kraj.
Obecne badania pomogły zbadać związek między wsparciem organizacyjnym, zadowoleniem z pracy nauczycieli i ich zaangażowaniem, na podstawie dowodów z uczelni wyższych w Ghanie. W ten sposób wykorzystano kluczowe pojęcia z wartości Locka i dwuczynnikowych teorii Herzberga, aby wyjaśnić, w jaki sposób wsparcie organizacyjne wpływa na satysfakcję z pracy nauczycieli i ich zaangażowanie w kolegiach

edukacyjnych w Ghanie. Ze względu na charakter badania przyjęto koncepcję badań ankietowych wyjaśniających, ponieważ istniała potrzeba porównania i analizy odpowiedzi ze standardowych kwestionariuszy za pomocą statystyk opisowych i infekcyjnych, które dobrze pasują do koncepcji badań ankietowych wyjaśniających. Zastosowano podejście oparte na metodzie mieszanej w celu uzyskania wniosków, które są ważne, wiarygodne i powtarzalne. Populacja, na której skupiono się w tym badaniu, to nauczyciele szkół wyższych w Ghanie. W celu zebrania danych do tego badania wykorzystano kwestionariusze i wywiady. Do analizy danych ilościowych wykorzystano SPSS.

Główny wniosek empiryczny z badania wskazuje, że konstrukcje wsparcia organizacyjnego wykorzystywane w tym badaniu mają znaczący wpływ na poziom zaangażowania nauczycieli. Jednak kierunki tego wpływu są mieszane. Ogólnie rzecz biorąc, trzy z tych zmiennych: równowaga między pracą a życiem prywatnym, zarządzanie i przywództwo oraz środowisko pracy są uważane za krytyczne w zwiększaniu zaangażowania nauczycieli. Wsparcie społeczne, nagrody i uznanie nie były jednak istotnymi czynnikami stymulującymi. Stwierdzono, że zadowolenie z pracy jest istotnym czynnikiem wpływającym na zaangażowanie nauczycieli. Stwierdzono również, że satysfakcja z pracy jest konstrukcją wielowymiarową i że satysfakcja z pracy może łagodzić związek pomiędzy wsparciem organizacyjnym a zaangażowaniem nauczycieli.

5.1 USTALENIA I ODKRYCIA

Wyniki tego badania dostarczyły użytecznych informacji na temat tego, jak wsparcie organizacyjne wpływa na satysfakcję z pracy nauczycieli i ich zaangażowanie w szkołach wyższych w Ghanie. Jest oczywiste, że celem każdego systemu edukacyjnego jest przygotowanie zdolnych obywateli, którzy będą stanowić polityczny, społeczny i gospodarczy rozwój kraju. Można to osiągnąć tylko wtedy, gdy elementy systemów edukacyjnych są w dobrych warunkach. Wśród kilku komponentów systemu edukacyjnego kluczowe znaczenie ma realne, funkcjonalne i produktywne utrzymanie w stosunku do satysfakcji z pracy i zaangażowania siły pedagogicznej. Jeśli nauczyciele nie będą zadowoleni ze swojej pracy, ich morale nie zostanie wzmocnione, aby dać z siebie wszystko i tym samym wyrządzić wiele szkód wykwalifikowanej sile roboczej potrzebnej do rozwoju kraju. Wynikają z tego pewne wnioski i odkrycia z badania.

5.1.1 W jaki sposób wsparcie organizacyjne przewiduje zaangażowanie nauczycieli wszkołach wyższych w Ghanie

Zaangażowanie nauczycieli jest złożonym zjawiskiem, które wiąże się z pewnymi odmiennymi orientacjami. Wyniki badania wskazują jednak, że pięć wymiarów lub konstrukcji wsparcia organizacyjnego, a mianowicie równowaga między pracą a życiem prywatnym (WLB), zarządzanie i przywództwo (ML), środowisko pracy (WE), wsparcie społeczne (SS) oraz nagradzanie i uznawanie (RR) są ważnymi antecedentami zaangażowania nauczycieli w Ola College of Education w Ghanie. Potwierdzają to takie badania jak Kaplan i Ogut (2012); Collie i in. (2011); Kose i Gonulluoglu (2010); Turunc i Celik (2010); Piercy i in. 2006). Badania wskazują, że cechy wsparcia organizacyjnego są ważną zmienną przewidującą zaangażowanie organizacyjne nauczycieli. W związku z tym stopień postrzeganego wsparcia organizacyjnego stanowi pomoc w przewidywaniu poziomu zaangażowania organizacyjnego nauczycieli.
Ponadto, wyniki sugerują, że trzy wymiary wsparcia organizacyjnego (zarządzanie i przywództwo, równowaga między pracą a życiem prywatnym oraz środowisko pracy) mają pozytywny wpływ na poziom zaangażowania afektywnego nauczyciela. Dwa z tych wymiarów (wsparcie społeczne oraz nagroda i uznanie) mają negatywny wpływ na poziom zaangażowania afektywnego nauczyciela. Dlatego też cechy wsparcia organizacyjnego są ważną zmienną przewidującą zaangażowanie organizacyjne nauczycieli.

Ponadto, stopień wsparcia organizacyjnego pomaga w oszacowaniu poziomu zaangażowania organizacyjnego nauczycieli. Dlatego też ważne jest, aby szkoły wyższe w Ghanie przywiązywały wagę do praktyk wspierających, takich jak rozwój osobisty i struktura zatrudnienia, w celu zwiększenia zaangażowania organizacyjnego nauczycieli. Nauczyciel, którego potrzeby rozwoju osobistego są wspierane, czuje się bardziej zaangażowany w swoją pracę i organizację jako całość. Sumienny nauczyciel ma silniejsze pragnienie przynależności do organizacji poprzez utożsamianie się z jej celami i wartościami i prawdopodobnie zrobi dla niej więcej.

Kształtowanie zaangażowania organizacyjnego jest jedną z podstawowych praktyk ochrony pracowników organizacji, ponieważ osoby zaangażowane organizacyjnie pracują bardziej harmonijnie i są bardziej produktywne z wysokim poczuciem odpowiedzialności. Fakt, że organizacja wspiera rozwój osobisty pracownika oraz że pracownik poświęca się pracy i identyfikuje się z pracą, zwiększa zaangażowanie organizacyjne. Aby zwiększyć zaangażowanie organizacyjne wśród nauczycieli, nieodzowne jest, aby organizacja wykonywała szereg czynności, takich jak np. zapewnienie zaplecza edukacyjnego, aby dać im możliwość uczestniczenia w procesach decyzyjnych dotyczących ich samych.

5.1.2 Stopień, w jakim zadowolenie z pracy nauczyciela wpływa na poziom jego zaangażowania w kolegiach edukacyjnych w Ghanie

Zadowolenie z pracy nauczyciela jest wielowymiarową konstrukcją, która ma kluczowe znaczenie dla zaangażowania nauczyciela i efektywności szkoły. W obecnym badaniu odkryto pozytywną i znaczącą korelację pomiędzy satysfakcją z pracy a zaangażowaniem organizacyjnym. Konkretnie, wyniki sugerują, że trzy wymiary satysfakcji z pracy, a mianowicie postawa zawodowa (JA), postawa społeczna (SA) i postawa psychologiczna (PA) są ważnymi antecedentami zaangażowania nauczycieli w kolegiach pedagogicznych w Ghanie. Mają one bowiem pozytywny wpływ na poziom zaangażowania emocjonalnego nauczycieli. Innymi słowy, niektóre czynniki prowadzą do zaangażowania organizacyjnego i powodują, że nauczyciele postrzegają siebie jako aktywnych członków instytucji, a oprócz moralnego zobowiązania do pozostania w organizacji, czują przynależność do niej, a ich lojalność wobec organizacji wzrasta.

Kilka badań wskazuje, że istnieje pozytywny związek pomiędzy satysfakcją z pracy a zaangażowaniem organizacyjnym (np. Daneshfard i Ekvaniyan 2012; Yücel 2012). Nauczyciele są zazwyczaj zaangażowani w pracę w swoich szkołach, a pracownicy, którzy są zadowoleni i zaangażowani, częściej uczęszczają do pracy, przebywają w organizacji, docierają do pracy na czas, dobrze sobie radzą i angażują się w zachowania pomocne dla organizacji.

Poza tym można udowodnić, że zadowolenie z pracy prowadzi do zaangażowania organizacyjnego, ponieważ organizacja prawdopodobnie zatrudni osobę o najwyższym poziomie zaangażowania w obowiązki. Dlatego też, jeśli edukacja jest priorytetem dla rozwoju kraju, to zachowanie jakości edukacji musi być preferowane przez państwo. Co więcej, próby podniesienia jakości kształcenia nigdy nie zostaną zrealizowane, jeśli nie uwzględni się zadowolenia z pracy i zaangażowania nauczycieli. Dlatego też badanie relacji między tymi zmiennymi - satysfakcją z pracy i zaangażowaniem - staje się tematem o pierwszorzędnym znaczeniu i dużym zainteresowaniu dla nauki i dalszych badań.

5.1.3 Wzajemne oddziaływanie satysfakcji z pracy na relacje między wsparciem organizacyjnym a zaangażowaniem nauczycieli w szkołach wyższych w Ghanie

Badanie wykazało, że wzrost satysfakcji z pracy zwiększa wszystkie wymiary zaangażowania nauczycieli w instytucjach. Podkreślają to liczne badania, które podkreślają, że nauczyciele o wysokiej satysfakcji poświęcą się organizacji i wykształcą korzystne zachowania. W konsekwencji, jeśli ocena szkoły przez nauczycieli jest bardzo niska, nie mogą oni skupić się na nauczaniu lub walczyć o honor i dobrą reputację szkoły (zaangażowanie). Dlatego też zadowolenie z pracy nauczycieli jest dla szkół szczególnie ważne. Zadowolenie z pracy wynika jednak z porównywania przez pracowników oczekiwań zawodowych z rzeczywistymi wynikami, a także z ich emocjonalnych reakcji na pracę. Dlatego też zadowolenie z pracy obejmuje wiele wymiarów, w tym postrzeganie czynników wewnętrznych i zewnętrznych pracowników.

Ponadto, w oparciu o wyniki badania, pozytywny wpływ postawy społecznej i psychologicznej pracy na zaangażowanie afektywne oznacza, że nauczyciele Ola College of Education nie tylko postrzegają swoją pracę jako podstawowe źródło dochodu, ale także w inny sposób jako ważną dziedzinę życia. Praca nauczycieli zajmuje ważną część i godzinę dnia każdego z nich i jest uważana za główne źródło ich reputacji i pozycji społecznej. Mogło to przyczynić się do powstania silnego pozytywnego związku między postawą społeczną a afektywnym zaangażowaniem. Podobnie, pozytywny wpływ postawy psychologicznej na zaangażowanie sugeruje, że nauczyciele postrzegają swoją pracę jako podstawę do określenia kim są, a tym samym wpływa na ich postawy psychiczne i fizyczne.

Dlatego też, gdy tylko dana osoba będzie w stanie zaspokoić swoje potrzeby i pragnienia, wykształci bardziej agresywną postawę zawodową i będzie bardziej zaangażowana w swoją pracę. Przy tak wysokim zaangażowaniu w pracę, nauczyciele mogą lepiej odzwierciedlać spontaniczność. W oparciu o literaturę pod względem zadowolenia z pracy wśród nauczycieli, im większa jest satysfakcja z pracy, tym większe jest zaangażowanie nauczycieli w pracę. Zjawisko to jest również doskonałym wynikiem dla szkół.

5.2 OGRANICZENIA

Chociaż niniejsze badanie zostało dokładnie rozważone, istnieją potencjalne ograniczenia dotyczące badanej próby, metod i konkretnych aspektów. Niniejsza sekcja zawiera zatem podsumowanie ograniczeń niniejszego badania.

- Najczęstszym ograniczeniem badań związanych z badaniami ankietowymi jest fakt, że gromadzone dane są zgłaszane samodzielnie, co może prowadzić do negatywnych i/lub pozytywnych odpowiedzi. Ograniczenie to ma zastosowanie również do tego badania. Dodatkowo, trudno jest ocenić sposób postrzegania nauczycieli, którzy udzielają odpowiedzi, ponieważ mogą oni różnie interpretować pojęcia wsparcia organizacyjnego, *zadowolenia z pracy* i *zaangażowania.*
- Innym ograniczeniem jest to, że wyniki tego badania nie mogą być uogólniane na inne rodzaje organizacji, ponieważ badanie było prowadzone wśród edukatorów w szkołach wyższych w Ghanie.
- Chociaż wyniki te dostarczyły cennych informacji, być może większa reprezentatywna próba z każdego poziomu edukacji dostarczyłaby innych wyników. Jest prawdopodobne, że ponieważ edukacja jest systemem organizacyjnym "zorientowanym na osobę", dynamika tego badania nie może być uogólniona na inne zawody nie zorientowane na osobę, w których wymiana zawodowa i interpersonalna jest mało prawdopodobna. W związku z tym na poziom zaangażowania pracownika nie miałyby wpływu zmienne wybrane do tego badania.
- W odniesieniu do próby, mimo że podjęto wszelkie próby zminimalizowania ryzyka, możliwe jest, że nauczyciele, od których zebrano dane podstawowe, nie byli do końca szczerzy w wypełnianiu kwestionariusza lub odpowiadaniu na pytania. Aby rozwiązać ten problem, przez cały czas trwania badania uczestnicy byli pewni, że przekazywane informacje pozostaną poufne i nie wpłyną w żaden

sposób na ich wyniki lub wyniki. Ponadto, zaangażowanie nauczycieli w badanie było dobrowolne, bez gróźb i zachęt.

- Wyboru próby do obecnego badania dokonano w celu zapewnienia, że jest ona zasadniczo reprezentatywna dla populacji. W związku z tym w badaniu zastosowano dobór klastrowy, a następnie zwykłą losowość w celu doboru poszczególnych uczestników do badania, dlatego uogólnienie wyników powinno być dokonywane z zachowaniem ostrożności. Co więcej, wyniki niniejszego badania ograniczają się do ważności i wiarygodności zastosowanych instrumentów.

5.3 ZALECENIA

Nie można przecenić stale rosnącego znaczenia wsparcia organizacyjnego dla nauczycieli w Ghanie. W szczególności wsparcie organizacyjne zostało wykorzystane do zwiększenia satysfakcji z pracy i zaangażowania nauczycieli oraz do poprawy ich wyników w tej epoce transformacji edukacyjnej. Dlatego też oczekuje się, że wyniki tego badania empirycznego będą miały praktyczne implikacje zarówno dla praktyków, jak i dla pracowników naukowych. Ze strony środowisk akademickich badanie to wnosi istotny wkład do literatury organizacyjnej, systematycznie badając wpływ wsparcia organizacyjnego na satysfakcję z pracy, zaangażowanie i wyniki pracy nauczycieli.

W szczególności obecne wyniki badań stanowią nieśmiałe wsparcie dla propozycji, aby organizacje były uznawane za istotny element i narzędzie wpływające na zadowolenie nauczycieli z pracy, które zmotywuje ich do poprawy wyników i zaangażowania. Aby doskonale pokierować procesem pedagogicznym, utrzymać jakość kształcenia, lepiej wykorzystać wiedzę i umiejętności nauczycieli oraz poprawić osiągnięcia uczniów, sformułowano zalecenia dla wszystkich zainteresowanych stron (dyrektorów szkół, osób nadzorujących, służb edukacyjnych Ghany (GES), Krajowej Rady ds. Szkolnictwa Wyższego (NCTE), Krajowej Rady Akredytacyjnej (NAB) i innych zainteresowanych stron):

- Dyrektorzy szkół muszą opracować strategie wspierania nauczycieli. Kiedy nauczyciele dostrzegą wsparcie ze strony organizacji, będą mogli cieszyć się swoją pracą, a tym samym skutecznie uczyć. Ponadto osoby, które chcą poprawić wyniki pracy nauczycieli, muszą ukierunkować działania wspierające organizację na te, które są uważane za motywujące dla nauczycieli. Do lepszej pracy zmotywują ich takie strategie, jak poniższe.

- ***Danie czasu na wzajemną współpracę***; Nauczycielom należy dać czas na wspólną pracę w ramach wspólnego wysiłku. Współpraca ta wzmocni relacje między nauczycielami w kolegium, zapewni nowym lub zmagającym się z problemami nauczycielom możliwość zdobycia cennych informacji i porad, a także pozwoli nauczycielom dzielić się najlepszymi praktykami i historiami sukcesu. Dyrektor musi być siłą napędową tej współpracy. To on decyduje o tym, jak zaplanować czas na współpracę i ustala program na te czasy. Dyrektorzy, którzy odrzucają znaczenie współpracy z rówieśnikami, sprzedają jej wartość znacznie szybciej.
- ***Zadawanie im pytań i zasięganie ich porad;*** Dyrektor jest głównym decydentem w ich szkołach. Nie oznacza to, że nauczyciele nie mogą być włączani w proces podejmowania decyzji. Choć dyrektor może mieć ostatnie słowo, nauczyciele muszą mieć możliwość wyrażenia swoich uczuć lub udzielenia rady dyrektorowi, przede wszystkim wtedy, gdy sprawa będzie miała bezpośredni wpływ na nauczycieli. Przy podejmowaniu decyzji dyrektor musi korzystać z dostępnych mu zasobów. Nauczyciele mają genialne pomysły. Zwracając się do nich o radę, mogą zakwestionować swoje myślenie w kwestii, która może potwierdzić, że dyrektor jest na właściwej drodze.
- ***Wspierających nauczycieli***: Nauczyciele to ludzie, a wszyscy ludzie przechodzą przez trudne chwile zarówno w życiu osobistym, jak i zawodowym w pewnym momencie swojego życia. Kiedy nauczyciel osobiście przechodzi przez trudną sytuację, dyrektor musi udzielić mu 100% wsparcia w każdej chwili. Nauczyciel przechodzący przez osobisty problem doceni każde wsparcie, które dyrektor wykaże w tym okresie. W większości przypadków może to być tak samo proste jak zapytanie o to, jak sobie radzą i może dać im kilka dni wolnego. Profesjonalnie dyrektor musi wspierać nauczyciela tak długo, jak długo uważa, że jest on ważny, etyczny i moralny. Istnieją sytuacje, w których dyrektor nie może bez zastrzeżeń wspierać nauczyciela, ponieważ podjęta przez niego decyzja jest błędna pod względem etycznym lub moralnym.

- ***Bycie konsekwentnym;*** Nauczyciele nienawidzą, gdy dyrektorzy są niespójni, zwłaszcza gdy mają do czynienia z dyscypliną ucznia lub sytuacją rodzicielską. Dyrektor musi zawsze starać się być sprawiedliwy i konsekwentny w podejmowaniu decyzji. Nauczyciele nie zawsze zgadzają się z tym, jak dyrektor radzi sobie z sytuacjami; jednakże, jeśli zostanie ustalony wzorzec konsekwencji, nie będą się zbytnio skarżyć.
- ***Prowadzenie sensownych ewaluacji;*** Ewaluacje nauczyciela mają być narzędziami pokazującymi nauczycielowi, gdzie się znajdują i przesuwającymi je w kierunku maksymalizacji ich ogólnej skuteczności. Przeprowadzanie sensownych ocen zajmuje dużo czasu, a czas nie jest czymś, co dyrektorzy mają; w konsekwencji wielu dyrektorów ignoruje jak najlepsze wykorzystanie ocen nauczyciela. Zapewnienie efektywnego wsparcia nauczycielskiego wymaga konstruktywnej krytyki w dzisiejszych czasach. Żaden nauczyciel nie jest doskonały, dlatego też w niektórych dziedzinach zawsze jest miejsce na reformy. Sensowna ocena daje dyrektorowi możliwość bycia krytycznym i docenianym. Jest to równowaga pomiędzy nimi. Odpowiednia ocena nie może być przekazana podczas jednej wizyty w klasie. Jest to współpraca wiedzy zgromadzonej podczas wielu wizyt, która pozwala na dokonanie najbardziej znaczącej oceny.
- ***Tworzenie planu zajęć przyjaznego dla nauczycieli;*** dyrektorzy są zazwyczaj odpowiedzialni za tworzenie codziennego planu zajęć w swojej szkole. Obejmuje to plany zajęć, okresy planowania przez nauczycieli i obowiązki. Jeśli dyrektor chce sprawić, by nauczyciele byli szczęśliwi, musi zminimalizować czas, w którym muszą być na służbie.
- ***Zachęcanie ich do wnoszenia swoich problemów;*** Główny potrzebuje polityki otwartych drzwi. Relacje między nauczycielem i dyrektorem muszą być na tyle zdrowe, by mogli oni wnieść każdy problem lub kwestię i ufać, że dyrektor dołoży wszelkich starań, by pomóc im w sposób poufny.
- ***Poznawanie nauczycieli;*** Istnieje cienka granica między poznawaniem nauczycieli a byciem ich najlepszymi przyjaciółmi. Jako ich lider, dyrektor musi budować relacje oparte na zaufaniu, nie zbliżając się do siebie tak bardzo, by przeszkadzało to w podjęciu trudnej decyzji. Zrównoważone relacje muszą być budowane w taki

sposób, by dyrektor wiedział, że troszczy się o nich jako o jednostki, a nie tylko jako o nauczycieli.

- ***Udzielanie porad, wskazówek lub pomocy;*** Wszyscy dyrektorzy muszą stale udzielać swoim nauczycielom porad, wskazówek lub pomocy. Dotyczy to zwłaszcza początkujących nauczycieli, jednak dotyczy to nauczycieli na wszystkich poziomach doświadczenia. Dyrektor jest kierownikiem nauczania, a udzielanie rad, wskazówek lub pomocy jest podstawowym zadaniem kierownika. Można to zrobić na różne sposoby. W większości przypadków dyrektor może po prostu pozwolić sobie na słowne rady nauczyciela. W innych przypadkach może po prostu pozwolić nauczycielowi obserwować innego nauczyciela, którego mocne strony tkwią w dziedzinie, w której nauczyciel ten wymaga wsparcia. Udostępnienie nauczycielowi podręczników i innych zasobów to kolejny sposób na udzielenie rady, wskazówek lub pomocy.
- ***Zapewnienie odpowiedniego rozwoju zawodowego;*** Wszyscy nauczyciele powinni brać udział w rozwoju zawodowym. Niemniej jednak, nauczyciele chcą, aby te możliwości rozwoju zawodowego były dostosowane do ich sytuacji. Żaden z nauczycieli nie chce przechodzić długich godzin rozwoju zawodowego, które nie odnoszą się bezpośrednio do tego, czego nauczają lub nigdy nie będą wykorzystywać. Może to wpaść w ręce dyrektora szkoły, ponieważ często jest on zaangażowany w planowanie rozwoju zawodowego. Wybierz takie możliwości rozwoju zawodowego, które będą korzystne dla nauczycieli, a nie tylko takie, które spełniają minimalne kryteria rozwoju zawodowego. Nauczyciele docenią to bardziej, a na dłuższą metę szkoła będzie w lepszej sytuacji, ponieważ nauczyciele uczą się nowych rzeczy, które mogą zastosować w codziennej pracy w klasie.

- NCTE, dyrektorzy szkół i przełożeni muszą zwracać szczególną uwagę na zadowolenie z pracy nauczycieli i ich zaangażowanie w stosunku do wykonywanej pracy. Szczególną uwagę należy zwrócić na zadowolenie i zaangażowanie nauczycieli w pracę, takie jak rozwój osobisty i szkolenia, sprawiedliwe korzyści i zachęty, stałe konstruktywne wsparcie, sprawiedliwe i uczciwe zadowolenie i zaangażowanie nauczycieli oraz awans, itp. Pomaga to nauczycielom zwiększyć ich poziom satysfakcji, a także zmaksymalizować poziom zaangażowania w stosunku do osiągnięć uczniów.

- NCTE i NAB muszą mieć regularne kontakty z różnymi szkołami wyższymi, aby zachęcać do efektywnej pedagogiki. Ponadto dyrektorzy szkół i inne zespoły kierownicze muszą organizować wymianę doświadczeń między nauczycielami w ramach szkoły. Wszystko to sprawia, że nauczyciele są skuteczni i zadowoleni z wykonywanej pracy.
- Aby zwiększyć zadowolenie i zaangażowanie nauczycieli z pracy, szkoły muszą przeznaczyć wystarczający budżet na dostarczenie niezbędnych materiałów i sprzętu, który jest niezbędny do praktycznego wykorzystania w laboratorium, bibliotece, centrum ICT. Również w tym przypadku dyrektorzy i kadra zarządzająca muszą promować wśród nauczycieli pozytywną konkurencję w pracy, sporządzając rankingi wyników ich pracy co tydzień, co miesiąc lub co pół roku i odpowiednio nagradzać ich wysiłki inicjatywami i nagrodami.
- Niewystarczające wsparcie ze strony ekspertów i opiekunów edukacyjnych negatywnie wpływa na satysfakcję i zaangażowanie nauczycieli w pracę. Dlatego, aby zapewnić satysfakcję z pracy i zaangażowanie, eksperci w dziedzinie edukacji muszą oferować nauczycielom wsparcie w odpowiednim czasie. Pomoże to rozwijać pracę zespołową lub pozytywne relacje między nauczycielami a ich przełożonymi w pracy.
- Uczelnie muszą być bardziej skoncentrowane na zewnętrznych czynnikach zadowolenia z pracy nauczycieli niż na czynnikach wewnętrznych, ponieważ czynniki zewnętrzne mają większy wpływ niż wewnętrzne.
- Uczelnie muszą również pomagać w tworzeniu dobrego środowiska nauczania/uczenia się poprzez zaangażowanie lokalnej społeczności. Pomoże to nauczycielom pozostać w swoim zawodzie i utrzymać zaangażowanie w pracę nauczyciela.
- Niezadowalający poziom zaangażowania nauczycieli w pracę spowodował niskie morale nauczycieli. W związku z tym kolegia i inne zainteresowane organy muszą zmaksymalizować poziom zawodowej odpowiedzialności moralnej nauczycieli, ułatwiając atrakcyjne środowisko nauczania/uczenia się w szkole we współpracy ze

społecznością lokalną, rządem i organizacjami pozarządowymi. To z kolei będzie promować i zachęcać nauczycieli do pozostania zaangażowanymi w swoją pracę, a także do poprawy osiągnięć uczniów.

- ***Jeśli chodzi o zaangażowanie w pracę,*** zaleca się, aby nauczyciel był aktywnie zaangażowany w pracę i działalność kolegium, aby umożliwić mu udział w podejmowaniu decyzji przede wszystkim w sprawach, które go dotyczą. Ponadto, GES musi stworzyć środowisko, w którym te podstawowe potrzeby pracowników będą mogły być racjonalnie zaspokojone, a nauczycielom należy zapewnić niezbędne wsparcie psychologiczne, emocjonalne, ekonomiczne i fizjologiczne.
- ***Jeśli chodzi o zaangażowanie organizacyjne;*** zaleca się, aby nauczyciele byli bardzo zaangażowani w swoją pracę i organizację jako całość, kierownictwo szkoły musi oferować nauczycielom godziwe wynagrodzenie, oferować serdeczne relacje między wszystkimi w szkole. Szkoła musi również zapewnić odpowiedni nadzór ze strony przełożonych, a także dopilnować, aby awans nauczyciela opierał się na zasługach i był promowany w odpowiednim czasie. Zmotywuje to nauczycieli do większego skupienia się na udzielaniu specjalnej pomocy, aby pomóc szkole w osiągnięciu jej celów, a także na dążeniu do stworzenia organizacyjnego członkostwa.
- ***Jeśli chodzi o satysfakcję z pracy;*** zaleca się wprowadzenie pewnych czynników motywacyjnych, aby nauczyciele byli bardzo zadowoleni ze swojej pracy. Na przykład należy zachęcać do przyznawania nagród dla nauczycieli, które są organizowane co roku, a także dodać inne pakiety, takie jak sponsorowanie najlepszych nauczycieli w celu dalszego kształcenia, a także dodatki mieszkaniowe i samochodowe dla nauczycieli.

5.4 DALSZE STUDIA I BADANIA

W zakresie, w jakim badanie to może mieć duże znaczenie dla rozwoju i utrzymania wsparcia organizacyjnego oraz satysfakcji z pracy i zaangażowania nauczycieli w szkołach wyższych w Ghanie i poza nią, nie zbadano w nim dokładnie wszystkich obszarów nauki, które mogłyby również w ogromnym stopniu przyczynić się do rozwoju i zaangażowania nauczycieli. Badacz proponuje zatem, aby dalsze badania były prowadzone w podobnych lub różnych kontekstach. Obszary sugerowane do dalszych badań obejmują:

- Jak w przypadku większości badań, badanie to ujawniło pewne niewytłumaczalne wyniki, jak również wyniki sprzeczne z porównywalnymi badaniami. W związku z tym sugeruje się, że dalsze badania nad zrozumieniem efektywnych różnic między nauczycielami z różnych poziomów nauczania przyniosłyby znaczące korzyści dyrektorom, programom przygotowania liderów i administratorom zasobów ludzkich. Wiedza o tym, na jakim poziomie nauczania nauczyciel wydaje się być najbardziej efektywny, byłaby nieoceniona, gdyż w niewłaściwy sposób zapewniałaby nauczycielom sukces. Podobnie, poznanie podstawowej samowystarczalności zwiększyłoby ich zdolność do znajdowania najbardziej odpowiedniego stanowiska, a także poprawiłoby skuteczność administracji biurowej.
- Konieczne są dalsze badania w celu poszerzenia wiedzy na temat problemu badawczego. W oparciu o wyniki przedstawione w niniejszym opracowaniu można zbadać wiele możliwości. Bardziej dogłębna analiza zaangażowania nauczycieli i ich wsparcia organizacyjnego dostarczy cennych dodatkowych informacji. Wyniki niniejszego opracowania wyraźnie wskazują na istnienie relacji pomiędzy zaangażowaniem organizacyjnym a zaangażowaniem. Jednak specyficzny rodzaj wsparcia organizacyjnego, jakiego potrzebują nauczyciele, pozostaje nieuchwytny. W związku z tym, przyszłe badania mogą badać poszczególne głosy poprzez wykorzystanie innych podejść.
- Ponownie, zwiększenie liczby szkół wyższych w Ghanie biorących udział w badaniu poszerzyłoby zakres obecnych badań o poszerzony obraz szkoły, dyrektora i demografii nauczycieli. Ponownie, inne formy analizy statystycznej mogłyby zapewnić rozszerzone badanie zależności między zmiennymi.

5.5 WNIOSKI

Obecne badanie miało na celu zbadanie związku pomiędzy wsparciem organizacyjnym, zadowoleniem z pracy i zaangażowaniem w szkołach wyższych w Ghanie. Wyniki obecnego badania wykazały, że istnieje unikalny związek pomiędzy satysfakcją z pracy, wsparciem organizacyjnym i zaangażowaniem organizacyjnym. Bez względu na rodzaj organizacji, wyniki tego badania podkreśliły fakt, że pracownicy mają poglądy na temat organizacji, które mogą ostatecznie wpłynąć na zachowania postawowe i sukces organizacji. Zwrócenie uwagi na relacje zidentyfikowane w tym badaniu musi służyć jako punkt wyjścia dla przyszłych badań mających na celu poprawę jakości edukacji jako systemu, poprzez zapewnienie interwencji, które budują większe zaangażowanie wśród edukatorów.

Poprzez zwiększenie zaangażowania nauczycieli, gwałtowny wzrost musi również pobudzić ruch zmian społecznych, poprzez zwiększenie satysfakcji z pracy, wsparcia organizacyjnego i poświęcenia dla zawodu pielęgnowanego w celu globalnej służby całej ludzkości. Ogólnie rzecz biorąc, badanie to jest zgodne z teorią wsparcia organizacyjnego, twierdząc, że wsparcie organizacyjne zwiększa zaangażowanie pracowników w organizacje. Dlatego ważne jest zapewnienie wsparcia, ponieważ jest ono kluczowym czynnikiem zaangażowania pracowników. Rzeczywiście, w zawodzie nauczyciela potrzebne są ulepszenia w celu zwiększenia zaangażowania nauczycieli. Ponieważ edukacja zawsze miała najwyższy priorytet w Ghanie, nauczyciele są siłą napędową do zwiększania potencjału wiedzy i innowacji. Wyniki tego badania pomogą nauczycielom w Ghanie bardziej zaangażować się w sprawy swoich uczniów i szkoły w ogóle.

BIBLIOGRAFIA

Adeniji, A. A. (2011). Klimat organizacyjny jako predykator satysfakcji z pracy pracowników: Dowody z Uniwersytetu Przymierza. Business intelligence journal, 4(1), 151-166.

Asare, K. B., i Nti, S. K. (2014). Wykształcenie nauczycielskie w Ghanie: Współczesne streszczenie i powstające sprawy. SAGE Open, 4(2), 2158244014529781.

Astrauskaitė, M., Vaitkevičius, R., i Perminas, A. (2011). Ankieta dotycząca satysfakcji z pracy: Potwierdzająca analiza czynnikowa w oparciu o próbę nauczycieli szkół średnich. International Journal of Business and Management, 6(5), 41-50. doi:10.5539/ijbm.v6n5p41

Boateng, C. (2012). Restrukturyzacja kształcenia zawodowego i technicznego w Ghanie: Rola rozwoju przywództwa. International Journal of humanities and social science, 2(4), 108-114.

Brenya, E., i Asare, B. E. (2011). Tradycyjne instytucje i ustalanie porządku obrad: Sprawa przyjęcia funduszu powierniczego na rzecz edukacji w Ghanie. African Research Review, 5(3).

Chireshe, R., i Shumba, A. (2011). Nauczanie jako zawód w Zimbabwe: Czy nauczyciele stoją w obliczu kryzysu motywacyjnego? Journal of Social Sciences, 28(2), 113-118.

Chiboiwa, M. W., Samuel, M. O., i Chipunza, C. (2010). Badanie strategii utrzymania pracowników w prywatnej organizacji w Zimbabwe. African journal of business management, 4(10), 2103.

Chinomona, R., i Sandada, M. (2014). Wsparcie organizacyjne i jego wpływ na satysfakcję zawodową nauczycieli i wyniki pracy w Prowincji Limpopo w Republice Południowej Afryki. Mediterranean Journal of Social Sciences, 5(9), 208.

Christeen, G. (2015) Zatrzymanie profesjonalnych pracowników: Co sprawia, że oni zostają? Employee Relations, 37, 102-121. http://dx.doi.org/10.1108/ER-10-2013-0151

Colakoglu, U., Culha, O., i Atay, H. (2010). Wpływ postrzeganego wsparcia organizacyjnego na pozytywne wyniki pracowników: dowody z branży hotelarskiej. Zarządzanie turystyką i hotelarstwem, 16(2), 125-150.

Collie, R. J., Shapka, J. D., i Perry, N. E. (2011). Przewidywanie zaangażowania nauczycieli: Wpływ klimatu szkolnego i uczenia się społeczno-emocjonalnego. *Psychologia w szkołach*, 48(10), 1034-1048.

Das, B. L i Baruah, M. (2013) Employee Retention: A Review of Literature; IOSR Journal of Business and Management (IOSR-JBM), 14 (2), 08-16.

Daneshfard, C. i Ekvaniyan, E. K. (2012). Zaangażowanie organizacyjne i zadowolenie z pracy w Islamic Azad University, *Interdisciplinary Journal of Contemporary Research in Business*, 3(9), 34-39.

Eisenberger, R., Cummings, J., Armeli, S. i Lynch, P. (1997). Otrzymywał wsparcie organizacyjne, uznaniowe traktowanie i zadowolenie z pracy. Journal of Applied Psychology, 82(5), 812-820. doi: 10.1037/0021-9010.82.5.812

Ellenbecker, C.H. (2004) A Theoretical Model of Job Retention for Home Health Care Nurses. Journal of Advanced Nursing, 47, 303-310.

Gutierrez, A. P., Candela, L. L., i Carver, L. (2012). Strukturalne relacje pomiędzy zaangażowaniem organizacyjnym, globalną satysfakcją z pracy, doświadczeniami rozwojowymi, wartościami pracy, wsparciem organizacyjnym i organizacją osób mieszczą się w obrębie wydziału pielęgniarskiego. Journal of advanced nursing, 68(7), 1601-1614.

Griffin, R. W., i Moorhead, G. (2011). Zachowanie organizacyjne. Cengage Learning.

Haorei, A. (2012). Human resources practices and employee retention, evidence from banking sector of Pakistan. Journal of business and management research, 7, 186-188.

Häsänen, L., Hellgren, J., i Hansson, M. (2011). Goal setting and plant closure: When bad things turn good. Economic and Industrial Democracy, 32(1), 135-156.

Holsblat, R. (2014). Relacja pomiędzy zaangażowaniem w organizację, postrzeganym wsparciem organizacyjnym, satysfakcją z pracy i obywatelskimi zachowaniami organizacyjnymi nauczycieli. American Journal of Educational Research, 2(12), 1175-1181.

Imran, H., Arif, I., Cheema, S., i Azeem, M. (2014). Związek pomiędzy satysfakcją z pracy, wydajnością pracy, nastawieniem do pracy i

zaangażowaniem organizacyjnym. Entrepreneurship and innovation management journal, 2(2), 135-144.
Jais, J., i Mohamad, M. (2013). Perceived Organisational Support and Its Impact to Teachers' Commitments: A Malaysian Case Study. International Journal of Education and Research, 1, 12.
Jasper, M. (2007) The Significance of the Working Environment to Nurses' Job Satisfaction and Retention. The Significance of Nursing Environment to Nursing Job Satisfaction and Retention. Journal of Nursing Management, 15, 245-247. http://dx.doi.org/10.1111/j.1365-2834.2007.00760.x
Kaplan, M. i Ogut, A. (2012). Analiza relacji pomiędzy postrzeganym wsparciem organizacyjnym a zaangażowaniem organizacyjnym. *Faculty of Economics and AdministrativeSciences,* 17(1): 387-401.
Kaye, B. i Jordan-Evans, S. (2002) Retention in Tough Times: Oto co 25 globalnych liderów talentów mówi o utrzymywaniu dobrych ludzi - specjalnie teraz. Rozwój talentów, 56, 32-37.
Khan, M.A., Hunjra, A.I., Rehman, A.U., i Azam, R.I., (2011). Czynniki warunkujące sukces biznesowy małych i średnich przedsiębiorstw.
Kose, S. i Gonulluoglu, S. (2010). Określanie wpływu wsparcia organizacyjnego na zaangażowanie organizacyjne. *Social Sciences Journal*, 27: 85-94.
Kraimer, M. L., Seibert, S. E., Wayne, S. J., Liden, R. C. i Bravo, J. (2011). Starożytności i wyniki wsparcia organizacyjnego na rzecz rozwoju: Krytyczna rola możliwości rozwoju zawodowego. Journal of Applied Psychology, 96(3), 485-500. doi: 10.1037/a0021452.
Laabs, J.J. (1996) Downshifters. Personnel Journal, 75, 62-70.
Leners, D., Roehrs, C. i Piccone, A. (2006) Tracking the Development of Professional Values in Undergraduate Nursing Students. Journal of Nursing Education, 45, 504-511.
Loan-Clarke, J., Arnold, J., Coombs, C., Hartley, R. i Bosley, S. (2010) Retention, Turnover and Return-A Longitudinal Study of Allied Health Professionals in Britain. Human Resource Management Journal, 20, 391-406. http://dx.doi.org/10.1111/j.1748-8583.2010.00140.x
Lumley, E. , Coetzee, M., Tladinyane, R., i Ferreira, N. (2011). Poszukiwanie satysfakcji z pracy i zaangażowania organizacyjnego

pracowników w środowisku informatycznym. South African Business Review, 15 (1), 100-118.
Mahal, P. K. (2012). Praktyki HR jako determinanty zaangażowania organizacyjnego i utrzymania pracowników. Journal of Management Research, 11 (4), 37-53.
McNeese-Smith D., (1995) Job Satisfaction, Productivity, and Organizational Commitment. Journal of Nurse Association, 25, 17-26. http://dx.doi.org/10.1097/00005110-199509000-00006
Miller, N., Erickson, A. & Yust, B. (2001) Sense of Place in the Workplace: Relacja między rzeczami osobistymi a satysfakcją i motywacją w pracy. Journal of Interior Design, 27, 35-44. http://dx.doi.org/10.1111/j.1939-1668.2001.tb00364.x
Mita, M., Aarti K. i Ravneeta, D. (2014) Study on Employee Retention and Commitment. International Journal of Advance Research in Computer Science and Management Studies, 2, 154-164.
Morrow, P. C. (2011). Zarządzanie zaangażowaniem organizacyjnym: spostrzeżenia z badań podłużnych. Journal of Vocational Behavior, 79 (6), 18-35.
Nketsia, W., i Saloviita, T. (2013). Poglądy nauczycieli przedszkolnych na edukację integracyjną w Ghanie. Journal of Education for Teaching, 39(4), 429-441.
Noah, Y. (2008) A Study of Worker Participation in Management Decision Making within Selected Establishments in Lagos, Nigeria. Journal of Social Science, 17, 31-39.
Nyakundi, A. N. (2015). Postrzeganie przez wykładowców kontraktowania wyników na publicznych uniwersytetach w Kenii: przypadek szkoły edukacji - Uniwersytet Moi (rozprawa doktorska, Uniwersytet Moi).
Osman, M.K. (2013) High-Performance Work Practices and Hotel Employee Performance: Mediacja w zakresie zaangażowania pracowników. International Journal of Hospitality Management, 32, 132-140. http://dx.doi.org/10.1016/j.ijhm.2012.05.003
Paillé, P. (2013) Organizational Citizenship Behaviour and Employee Retention: Jak ważne jest poznawanie obrotu? The International Journal of Human Resource Management, 24, 768-790. http://dx.doi.org/10.1080/09585192.2012.697477
Piercy, N. F. Cravens, D. W., Lane, N. i Vorhies, D. W. (2006). Driving organisational citizenship behaviours and salesperson in-role

behaviour performance: Rola kontroli zarządzania i postrzeganego wsparcia organizacyjnego. *Journal of the Academy of Marketing Science*, 34(2): 244-262.

Potter, S. L. (2012). Relacje pomiędzy zaangażowaniem organizacyjnym edukatorów, satysfakcją z pracy, a płcią administratorów. Liberty University.

Robyn, A. M. (2012). Zamiar odejścia z pracy na wyższych uczelniach wśród Y-pokoleniowych nauczycieli akademickich. (Praca magisterska, Uniwersytet Stellenbosch, Republika Południowej Afryki).

Sharma, A., i Gupta, A. (2012). Impact of organisational climate and demographics on project specific risks in context to Indian software industry. International Journal of Project Management, 30(2), 176-187.

Spence Laschinger, H.K., Leiter, M., Day, A. i Gilin, D. (2009) Workplace Empowerment, Incivility, and Burnout: Impact on Staff Nurse Nurse Recruitment and Retention Outcomes. Journal of Nursing Management, 17, 302-311. http://dx.doi.org/10.1111/j.1365-2834.2009.00999.x

Turunc, O. i Celik, M. (2010). Effect of the employees' perception of organisational support and work stress on organisational identification and job performance. *Management and Economics,* 17(2): 183-206.

Wells, M. & Thelen, L. (2002) What Does Your Workspace Say about You? Wpływ osobowości, statusu i miejsca pracy na personalizację. Environment and Behavior, 34, 300-321. http://dx.doi.org/10.1177/0013916502034003002

Yücel, I. (2012). Examining the Relationships among Job Satisfaction, Organizational Commitment and Turnover Intention: Badanie empiryczne. *International Journal of Business and Management,* 7(20), 12-19.

DODATEK I

QUESTIONNAIRE

UNIVERSIDAD EMPRESARIAL DE COSTA RICA

www.unem.edu.pl

ZARZĄDZANIE EDUKACJĄ DZIAŁALNOŚCIĄ DETEKCYJNĄ KWESTIONARIUSZ DOTYCZĄCY WSPARCIA ORGANIZACYJNEGO, ZADOWOLENIA Z PRACY I ZAANGAŻOWANIA NAUCZYCIELI

Droga pani,

Kwestionariusz ma na celu uzyskanie od Ciebie informacji dotyczących wsparcia organizacyjnego, satysfakcji z pracy i zaangażowania nauczycieli. Zebrane w ten sposób informacje służą wyłącznie celom akademickim, a zatem wymogi poufności są należycie przestrzegane. Zapewniamy całkowitą anonimowość i poufność różnych udzielanych odpowiedzi. Zgodnie z posiadaną wiedzą i możliwościami, prosimy o udzielanie szczerych odpowiedzi na pytania zawarte w niniejszym kwestionariuszu, ponieważ odnoszą się one do Państwa instytucji.

Dziękuję.

SEKCJA A: DANE DEMOGRAFICZNE

Proszę zaznaczyć swoją odpowiedź, zaznaczając *(√)* w odpowiednim polu dla każdego pytania.

1. Płeć: Mężczyzna ☐ Kobieta ☐
2. Stan cywilny: ☐ Żonaty zamężna ☐
   Rozwiedziony/Rozwiedziona ☐
3. Poziom wykształcenia
   Pierwszy stopień ☐ Drugi stopień ☐

Doktorat ☐

4. Doświadczenie zawodowe w latach (proszę zaznaczyć jeden)

☐ Mniej niż 5 lat ☐ 6-10 lat

☐ 11-20 lat ☐ więcej niż 20 lat

5. Lata doświadczeń z tą uczelnią (proszę zaznaczyć jedno)

☐ Mniej niż 5 lat ☐ 6-10 lat

☐ 11-20 lat ☐ więcej niż 20 lat

6. Wiek

☐ Mniej niż 30 lat ☐ 31-40 lat

☐ 41-50 lat ☐ więcej niż 50 lat

SEKCJA B: WSPARCIE ORGANIZACYJNE

Proszę zaznaczyć swoją zgodę, niezgodę lub w inny sposób z każdym z oświadczeń, ***pisząc od 1 do 5, przy czym 5 oznacza zdecydowaną zgodę, a 1 oznacza zdecydowaną niezgodę -*** *odpowiednią liczbę. 5= Silna zgoda (SA), 4= Porozumienie (A), 3= Słaba zgoda (WA), 2=Rozmowa (D) i 1= Silna niezgoda (SD)*

	OŚWIADCZENIE	***Zdecydowanie zgadzam się 5***	***4***	***3***	***2***	***Zdecydowanie Nie zgadzam się 1***
	Równowaga między życiem zawodowym a prywatnym	***SA***	***A***	***WA***	***D***	***SD***
7	Mam wsparcie mojego college'u, aby zrównoważyć potrzeby rodzinne i zawodowe.					
8	Moja szkoła oferuje programy równowagi między pracą a życiem prywatnym, które są wystarczające, aby					

	pomóc mi w zarządzaniu moimi osobistymi obowiązkami.					
9	Moja uczelnia ułatwia zewnętrzną działalność społeczną					
10	Mój college ma elastyczny harmonogram pracy					
11	Moja praca w college'u jest bezstresowa i jest tam zapewniona opieka nad dziećmi i dostęp do rodzin.					
Zarządzanie/Liderstwo						
12	Kierownictwo i przywództwo koncentrują się na zadaniu, zachęcając nauczycieli do osiągania wyznaczonych celów w odpowiednim czasie.					
13	Kierownictwo i przywództwo kładą nacisk na relacje robocze, starając się wspierać pracowników w ich wysiłkach na rzecz osiągnięcia celów.					
14	Kierownictwo i przywództwo kładą nacisk na rozwój, zachęcając nauczycieli do dostrzegania nowych możliwości, a także do działania na ich podstawie.					
15	Mam dobre stosunki robocze z moim przełożonym.					
16	Kierownictwo stara się zrozumieć problemy, których nauczyciele doświadczają w swojej pracy					
17	Zarządzanie i przywództwo stymuluje mnie do myślenia o tym, na czym stoję i dokąd muszę się udać, aby osiągnąć cele instytucjonalne.					
Środowisko pracy						
18	Moja uczelnia kładzie nacisk na tworzenie dobrego środowiska pracy.					
19	Pracujemy w bezpiecznym i zdrowym środowisku pracy					
20	Fizyczne warunki pracy w kolegium są przyjemne.					
21	Moja uczelnia zapewnia zwolnienie chorobowe z pensją, ubezpieczenie zdrowotne, życie i emerytury dla nauczycieli					

22	Moje kolegium uważa dobro nauczycieli za najwyższy priorytet					
	Wsparcie socjalne					
23	Moja uczelnia zachęca do interakcji społecznych					
24	Moja uczelnia tworzy ducha pracy zespołowej i pomaga zespołowi					
25	Moja uczelnia interesuje się dobrem mojej rodziny					
26	Czuję, że istnieje serdeczny związek między moją szkołą a rodziną.					
27	Moja rodzina ma pozytywny stosunek do mojego college'u					
	Nagroda i uznanie					
28	Są dość duże szanse na awans i inne nagrody					
29	Nagroda opiera się na zasadach i kompetencjach					
30	W mojej obecnej pracy są duże szanse na awans.					
31	Instytucja docenia wysiłki, które podejmuję w mojej obecnej pracy.					
32	Nikt nie jest bardziej uprzywilejowany niż ten					
33	Obecny system nagród jest użyteczny i sprawiedliwy					

SEKCJA C: ZADOWOLENIE Z PRACY

Ta sekcja ma na celu ustalenie Twojej osobistej oceny poziomu zadowolenia z pracy w college'u. Proszę wskazać, w jakim stopniu zgadzasz się z poniższymi stwierdzeniami w odniesieniu do swojej pracy w kolegium przy użyciu skali od 1 do 5; gdzie 5 wykazuje silną zgodę, a 1 silne niezgodę: *5= Silna zgoda (SA), 4= Porozumienie (A), 3= Słaba zgoda (WA), 2=Rozmowa(D) i 1= Silna niezgoda (SD)*

NIE.	***Oświadczenia***	***Silna umowa 5***	***4***	***3***	***2***	***Silny brak porozumienia***

						1
	Stanowisko pracy	SA	A	WA	D	SD
34	Jestem zadowolony z mojej obecnej pracy					
35	Jestem doceniany za pracę, którą wykonuję					
36	Lubię robić to, co robię w pracy.					
37	Jestem zadowolony ze świadczeń, które otrzymuję					
38	Czuję się zadowolony z moich szans na wzrost pensji					
	Postawa społeczna					
39	Mam lepsze zrozumienie z moim Koleżanki i koledzy z pracy, którzy sprawiają, że jest to przyjemne					
40	Istnieją zewnętrzne (np. polityczne i inne) naciski i wpływy w pracy i biurze, które czynią pracę ekscytującą.					
41	Czuję się wart zachodu, wykonując swoją pracę.					
42	Podoba mi się ta praca, ponieważ jest uznawana przez moje otoczenie					
43	Więzi społeczne, jakie mam z moją pracą sprawiają, że jest ona przyjemna.					
44	Moja rodzina jest przywiązana do tej pracy					
45	Interesuje mnie to, co robię, a nie to, co za to dostanę.					
46	Martwię się o to, co inni ludzie myślą o mojej pracy					
	Załącznik psychologiczny					
47	Podobała mi się moja praca, ponieważ czuję, że jest to praca pełna wyzwań.					

48	Moje pomysły i zainteresowania są brane pod uwagę w pracy w tym college'u					
49	Jestem w stanie wykorzystać różne umiejętności krytycznego myślenia w mojej pracy					
50	Mogę opracowywać własne strategie nauczania i wdrażać je w klasie					
51	Czuję, że mogę rozwijać swoje umiejętności, aby sprostać każdemu wyzwaniu związanemu z pracą w tym college'u.					

SEKCJA D: ZAANGAŻOWANIE NAUCZYCIELI

Proszę zaznaczyć swoją zgodę, niezgodę lub brak zgody na każde z oświadczeń, ***pisząc od 1 do 5, przy czym 5 oznacza silną zgodę, a 1 oznacza zgodę na tydzień,*** *odpowiednią liczbę. 5= Silna umowa (SA), 4= Umowa (A), 3= Słaba umowa (WA), 2=Rozmowa(D) i 1= Silna umowa (SD)*

NI E.	***Oświadczenie***	***Zdecydowanie zgadzam się 5***	***4***	***3***	***2***	***Zdecydowanie Spór 1***
		SA	***A***	***WA***	***D***	***SD***
	Skuteczne zaangażowanie					
52	Byłbym bardzo szczęśliwy mogąc spędzić resztę mojej kariery w tym college'u					
53	Lubię rozmawiać o moim college'u z ludźmi spoza niego.					
54	Naprawdę czuję, że problemy tego college'u są moje.					
55	Myślę, że mógłbym się tak samo łatwo przywiązać do tego college'u jak ja.					
56	Czuję się jak "część rodziny" w tym college'u.					
57	Czuję się "emocjonalnie przywiązany" do tego college'u.					

58	Ten college ma dla mnie duże znaczenie osobiste.					
59	Czuję "silne" poczucie przynależności do mojego college'u.					
Kontynuacja Zobowiązanie						
60	Obawiam się, co może się stać, jeśli rzucę pracę, nie mając innego w kolejce.					
61	Byłoby mi bardzo trudno opuścić teraz mój college, nawet gdybym chciał					
62	Zbyt wiele w moim życiu zostałoby zakłócone, gdybym teraz zdecydował się opuścić ten college					
63	Byłoby to dla mnie zbyt kosztowne opuścić teraz mój college.					
64	W tej chwili pobyt w tym college'u jest tak samo konieczny jak pragnienie.					
65	Mam wrażenie, że mam bardzo niewiele możliwości, aby rozważyć opuszczenie tego college'u					
66	Jedną z niewielu poważnych konsekwencji odejścia z tego kolegium byłby brak dostępnych alternatyw.					
67	Jednym z głównych powodów, dla których nadal pracuję dla tego kolegium, jest to, że opuszczenie go wymagałoby znacznego osobistego poświęcenia - inna organizacja może nie dorównywać ogólnym korzyściom, jakie tutaj mam.					
Zobowiązanie normatywne						
68	Myślę, że w dzisiejszych czasach ludzie zbyt często przenoszą się z firmy do firmy.					
69	Wierzę, że człowiek musi być zawsze lojalny wobec swojego college'u					
70	Skakanie z instytucji do instytucji wydaje mi się nieetyczne.					
71	Jednym z głównych powodów, dla których nadal pracuję w tym					

	kolegium jest to, że wierzę, iż lojalność jest ważna i dlatego czuję się moralnie zobowiązany wobec tego kolegium.					
72	Nauczono mnie wierzyć w wartość pozostawania lojalnym wobec jednej organizacji.					
73	Gdybym dostał kolejną ofertę lepszej pracy gdzie indziej, nie czułbym się dobrze opuszczając ten college					
74	Uważam, że nadal warto pozostać w tym college'u					

Bardzo dziękuję za poświęcenie czasu na dostarczenie tak ważnych informacji, które pomogą w tym badaniu.

DODATEK II

PROTOKÓŁ ROZMOWY KWALIFIKACYJNEJ

UNIVERSIDAD EMPRESARIAL DE COSTA RICA

www.unem.edu.pl

Sekcja A: Demografia

Wywiad nr..: ______________________________

Data i godzina: _________________________________

Wywiad: ________________________________

Kobieta [ ] Mężczyzna [ ]

1. Jak wsparcie organizacyjne wpływa na zaangażowanie nauczycieli w szkołach wyższych w Ghanie.

2. W jaki sposób zadowolenie z pracy nauczycieli wpływa na ich zaangażowanie w pracę w szkołach wyższych w Ghanie

3. Zbadanie współdziałającej roli satysfakcji z pracy w relacji pomiędzy wsparciem organizacyjnym a zaangażowaniem nauczycieli w szkołach wyższych w Ghanie.

MIX
Papier | Fördert
gute Waldnutzung
FSC® C083411

Kolibri 360 GmbH
Ferdinand-Jühlke-Straße 7
99095 Erfurt, Deutschland
produktsicherheit@kolibri360.de

Druck:
CPI Druckdienstleistungen GmbH
im Auftrag der
Kolibri 360 GmbH
Ferdinand-Jühlke-Str. 7
99095 Erfurt